________________ 님의 소중한 미래를 위해

이 책을 드립니다.

처음 시작하는 MMPI

처음 시작하는 MMPI

| MMPI 초보자가 꼭 알아야 할 것들 |

황선미 지음

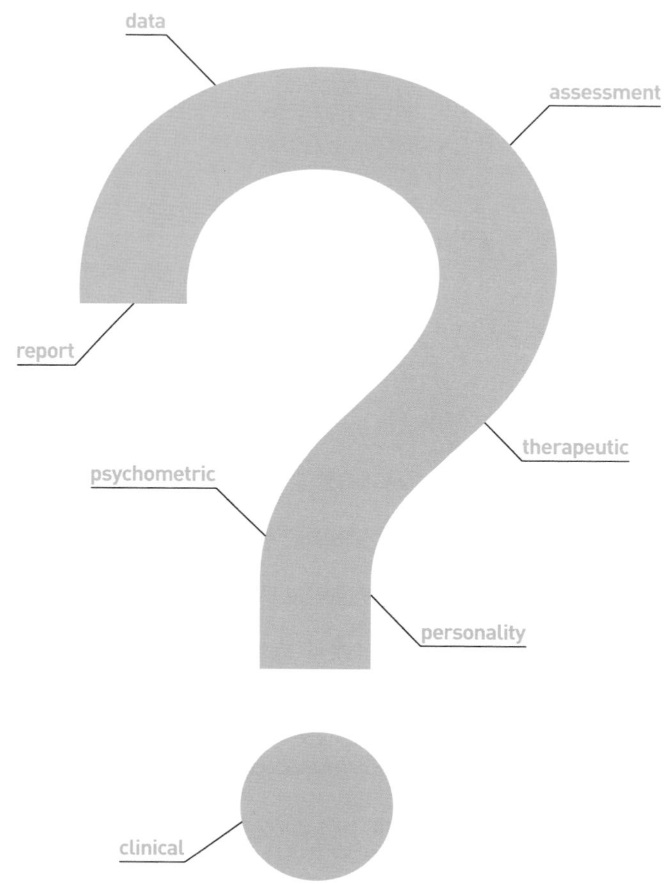

초록북스

초록북스

우리는 책이 독자를 위한 것임을 잊지 않는다.
우리는 독자의 꿈을 사랑하고,
그 꿈이 실현될 수 있는 도구를 세상에 내놓는다.

처음 시작하는 MMPI

초판 1쇄 발행 2020년 2월 15일 | **초판 3쇄 발행** 2024년 11월 15일 | **지은이** 황선미
펴낸곳 ㈜원앤원콘텐츠그룹 | **펴낸이** 강현규·정영훈
등록번호 제301-2006-001호 | **등록일자** 2013년 5월 24일
주소 04607 서울시 중구 다산로 139 랜더스빌딩 5층 | **전화** (02)2234-7117
팩스 (02)2234-1086 | **홈페이지** blog.naver.com/chorokbooks | **이메일** khg0109@hanmail.net
값 16,000원 | **ISBN** 979-11-6002-274-2 03180

잘못 만들어진 책은 구입하신 서점에서 교환해 드립니다.
이 책을 무단 복사·복제·전재하는 것은 저작권법에 저촉됩니다.

나에 대한 사람들의 평가는
내가 스스로를 어떻게 평가하느냐에 좌우된다.

• 어니스트 헤밍웨이(미국의 대문호) •

MMPI를 이해하는 데 길잡이가 되어줄 책

"머리는 차갑게, 가슴은 뜨겁게!"

상담자가 되는 훈련 과정을 이처럼 잘 설명해주는 말도 없다. 언뜻 보면 불일치 중에서도 불일치처럼 보인다. 전인적인 접근을 강조하는 상담에서 머리와 가슴이 따로 놀다니. 그러나 실제로 상담을 하다보면 예상보다 딱딱한 이론들과 씨름하게 된다.

검사와 평가도 그 중에 하나다. 사람의 마음을 이해하기 위해 숫자로 된 그래프를 읽어야 하니까. 마음과 수치는 얼핏 어울리지 않아 보이니까. 그래서인지 검사를 선호하지 않는 상담자들도 많다. 검사를 선호하든 선호하지 않든지 간에 상담을 처음 배우는 초보상담자들에게 심리검사는 해결해야 할 숙제일 것이다.

다양한 종류의 검사를 익히고 변화에 따라 그 지식을 업데이트하는 일은 결코 쉽지 않다. 새로운 검사가 나오면 새롭게 배워야 하니 끝이 없다. 한 검사를 실컷 익혀놓았더니 새로운 버전으로 업데이트 되지를 않나, 어떨 땐 한숨이 절로 나온다.

평가 결과를 내담자들에게 치료적으로 전달하는 것은 또 다른 과제이다. 수련생 시절에는 '결과를 어디까지 어떻게 전달해야 하나' 감이 없어 검사결과는 결과대로, 상담은 상담대로 따로 하는 경우가 많았다.

이런 문제가 나만의 고민인가 싶어 동료들, 후배들과 이야기를 해보면 대부분이 비슷한 마음이었다. 그렇게 포기하지 않고 시행착오를 거쳤더니 어느 날부터인가 숫자와 그래프가 내 마음에 사람으로 들어오기 시작했다. 그래프를 통해 내담자가 그려지고 나서야 검사의 유용성을 깨달았지만, 그 과정은 길었다.

이 책은 오늘도 나와 같은 시행착오를 겪고 있을 초보 상담자들, 검사는 자주 하지만 정작 해석에 고충을 느끼는 상담자들에게 MMPI를 쉽게 설명하고자 하는 목적으로 집필되었다.

MMPI는 상담과 심리치료 분야에서 가장 자주 사용되는 심리검사이다. 사용 빈도가 높기 때문에 심리검사의 기본처럼 여겨지지만 제대로 숙지하는 것이 까다로운 검사이기도 하다.

시중에 MMPI를 다룬 전문서적은 많지만 검사를 처음 접하는 사람들이 읽기에는 좀 어려워 보인다. 이 책을 쓰는 동안 다음의 2가지 목표를 계속 되새겼다. 첫째, 필수정보들은 모두 제공하되 초보 상담자들도 쉽게 이해할 수 있게 설명하자.

둘째, 검사가 평가로 그칠 게 아니라 추후 연계될 상담에 실제로 적용될 수 있도록 돕자. 점수들에 대한 기준점은 '다면적 인성검사 II 매뉴얼 개정판(마음사랑, 2011)'을 따랐다.

이 책은 총 8장으로 구성되어 있다. 1장은 MMPI 검사에 대한 기본적인 소개이다. 2장부터 5장까지는 주요 척도들에 대한 설명으로 그 양이 방대하지만 MMPI를 사용할 때 가장 중요하게 숙지해야 할 내용이다.

6장은 검사 결과를 해석하는 방법에 대한 내용이다. 각각의 결과들을 효율적으로 분류하고 도식화할 수 있는 해석적 틀을 소개했다. 7장에는 임상 현장에서 흔하게 만날 수 있는 샘플 사례들을 담았다.

8장은 슈퍼비전이나 사례보고에 사용할 수 있는 보고서 작성의 예시를 담았다. 또한 상담이나 임상 현장에서 검사 결과를 어떻게 효율적으로 전달할 수 있을지에 대해 다루었다.

새벽에 글을 쓰고 있으면 제법 글자가 익숙해진 아들이 "엄마 공부해? 엄마 또 뭐 써? 나도 쓸래" 하며 옆에서 키보드를 두드린다. 공부하는 엄마 자신에게나 좋지 아이한테는 늘 미안한 마음이다. 내가 상담자로서의 정체성을 지킬 때 자신의 정체성을 잠시 양보해주는 남편, 존재만으로 사랑스러운 아들, 양가 부모님께 깊은 사랑을 전한다.

메이트북스와 벌써 세 번째 인연이다. 더디 쓰는데도 이해해주시고 책을 쓸 기회를 주신 데 깊은 감사를 드린다. 바쁜데도 기꺼이 원고를 검토해준 오랜 친구이자 동료 전문가 혜연에게도 든든하고 고맙다는 말을 하고 싶다. 무엇보다도 새벽에 일어나 무언가를 할 수 있는 힘과 동기, 존재의 근원이 되어주시는 하나님께 감사드린다.

황선미

차례

1장

MMPI 검사에 대해 알아보자

2장

타당도 척도, 이보다 쉬울 수 없다

3장

임상척도, 이보다 명쾌할 수 없다

4장

임상척도 코드타입, 이보다 재미있을 수 없다

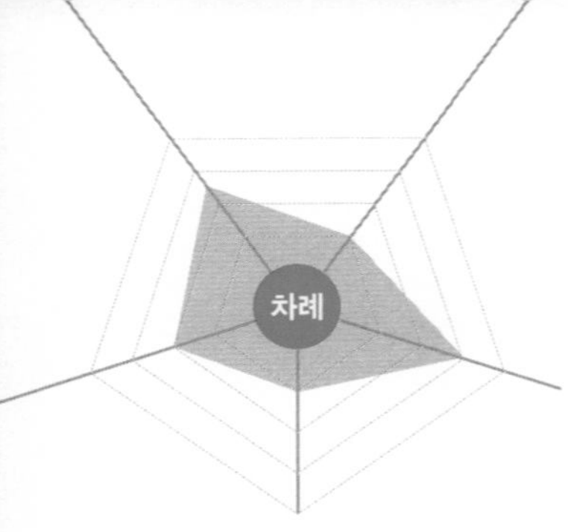

5장

기타 임상척도에 대해 자세히 알아보자

6장

MMPI 프로파일, 어떻게 해석할 것인가?

7장

MMPI 검사로 본 임상 사례

8장

MMPI 검사 보고서, 이렇게 작성하자

부록

MMPI는 미국 미네소타 병원에서 1943년에 개발된 이후로 전 세계에서 가장 많이 사용하는 심리검사 중 하나다. '다면적 인성검사'라는 이름에 걸맞게 MMPI는 수검자가 경험하는 심리적 증상과 성격의 경향을 다양한 척도를 통해 측정한다. 1장에서는 MMPI는 어떤 종류의 심리검사인지, 어떻게 실시하는지, 검사가 잴 수 있는 것과 잴 수 없는 것, 타당도와 임상척도에 대한 개괄적인 정보를 공부할 것이다.

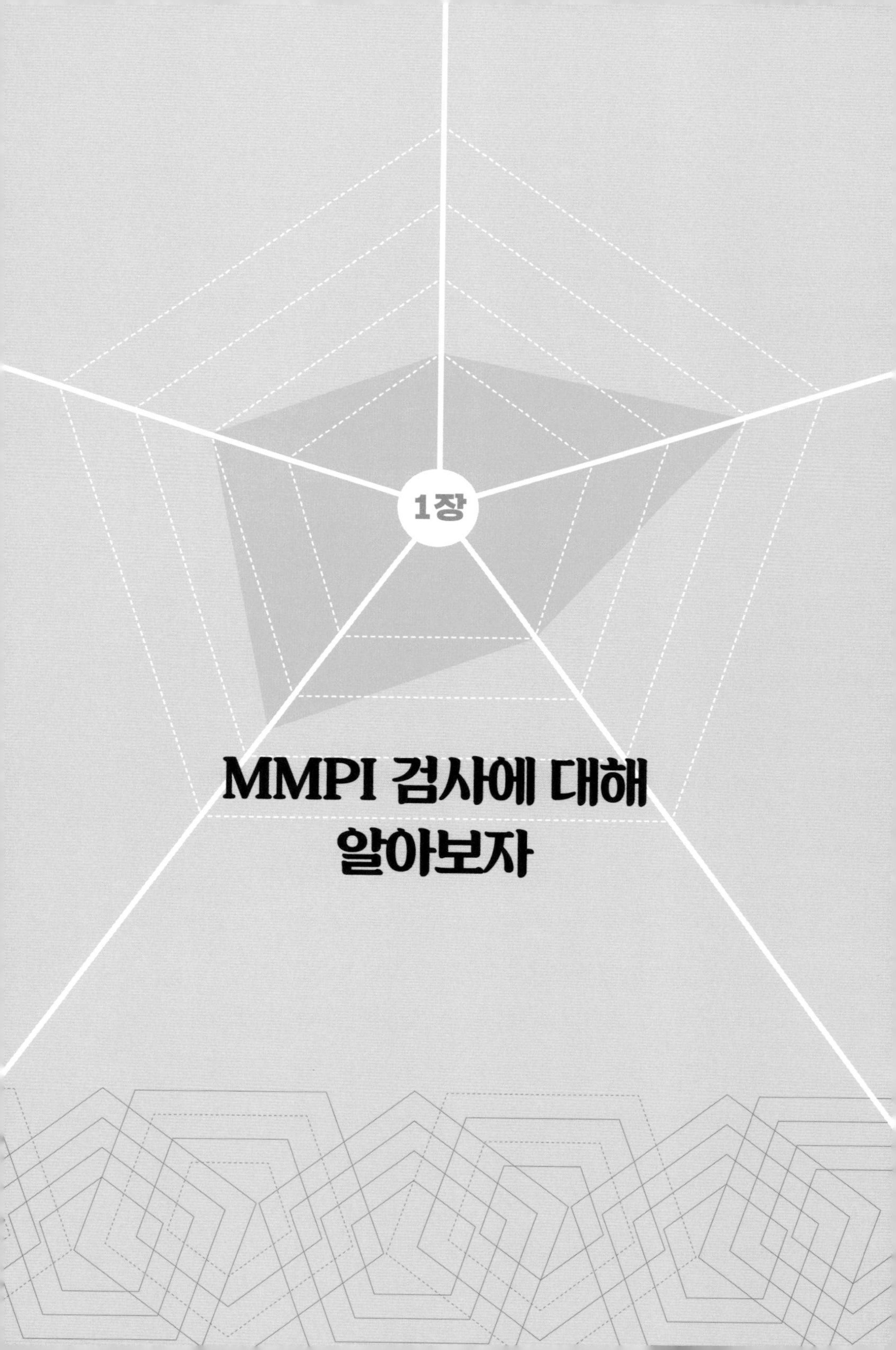

1장

MMPI 검사에 대해 알아보자

MMPI 검사란 무엇인가?

MMPI는 수검자가 경험하는 심리적 증상을 진단하기 위해, 수검자의 성격 경향을 객관적으로 평가하기 위해 활용하는 심리평가 도구이다.

MMPI는 국내 상담현장에서 가장 자주 사용되는 검사 중 하나다. 원판 MMPI는 해서웨이(S. R. Hathaway)와 맥킨리(J. C. Mckinley)가 1943년 미국 미네소타대학 병원에서 개발했고, 우리나라에는 1963년도에 처음으로 표준화가 시도되었다. 이후 1989년 MMPI-2로 개정되면서 타당도와 임상척도 등 많은 부분이 바뀌고 보완되었다.

한국판 MMPI-2는 2005년도부터 마음사랑에 의해 보급되고 있다. 그러나 약 30년이 넘게 사용되던 MMPI 원판이 MMPI-2로 완전히 정착되기까지는 오랜 시간이 걸렸다.

이 검사의 정확한 이름은 '다면적 인성검사 II(Minnesota

Multiphasic Personality Inventory-2)'로 영문 약어를 따라 MMPI-2라고 부른다. 이름에 걸맞게 567개의 방대한 문항을 통해 성격의 여러 방면을 측정한다.

MMPI 검사의 목적은 다음과 같다.

- 수검자가 경험하는 심리적 증상을 진단하기 위해
- 수검자의 성격 경향을 객관적으로 평가하기 위해

경험적 방식으로 만들어진 검사

MMPI는 특정 진단과 증상을 보이는 실제 환자 집단을 표본으로 만들어졌다. 예를 들면 이미 우울장애로 진단받은 환자들과 일반인들을 비교해 환자들이 가지는 주요한 특징만을 추려서 문항을 구성했다. '경험적 방식'이라고 불리는 이 절차를 통해 MMPI는 실제 임상군을 대표할 수 있는 장점을 가지게 되었다.

MMPI와 같은 경험적 방식과는 달리 이론적 개념에서 시작한 검사의 대표적 예가 MBTI(Myers-Brigg Type Indicator)다. 잘 알려진 대로 MBTI는 융(Carl G. Jung)의 유형론을 기초로 만들어진 검사다.

경험을 통해 만들어졌기 때문에 MMPI는 시간과 장소의 영향을 크게 받는다는 특징이 있다. 외부 영향을 많이 받으므로 문화,

진단의 기준이 달라지면 수정되어야 한다. 그래서 표본이 되었던 미국의 성인과 인구학적 특성(국가, 민족, 언어, 연령)이 달라질 경우에는 이에 맞춘 표준화 작업과 해석의 유의가 필요하다. 이러한 유의점만 숙지한다면 MMPI는 수검자가 현재 경험하는 증상과 전반적인 성격의 경향을 알 수 있는 매우 유용한 검사다.

객관적 표준화 검사

심리검사는 크게 객관적 표준화 검사와 투사검사로 나뉜다.

객관적 표준화 검사란 검사의 모든 절차(실시→채점→해석)가 동일하게 정해진 방법대로 이루어지는 검사를 말한다. MMPI는 대표적인 객관적 표준화 검사다.

검사를 하기 위해 정해진 지침이 있고, 동일한 방법으로 채점과 해석을 하기 때문에 누가 검사를 하더라도 상관없이 동일한 결과가 도출된다. 그러므로 검사자 편향이 적고 상황에 영향을 적게 받는다는 장점이 있다. 결과가 수치로 나타나기 때문에 결과를 이용해 비교·연구를 할 수 있다는 것도 장점이다.

예를 들어 10회기 상담을 실시한다고 했을 때 1회기 전, 10회기 후에 각각 MMPI를 실시해보고 그래프를 비교해본다면 상담으로 인한 효과를 추정할 수 있다. 반면 결과가 수치로 나타나기 때문에 한 사람의 깊이 있는 내면을 측정하기 어렵고, 그 사람의 사연을 담을 수 없다는 단점이 있다.

투사검사는 이러한 객관적 표준화 검사의 단점을 보완할 수 있다. 투사검사란 모호한 자극을 제시한 후 수검자가 이에 어떻게 반응하고 처리하는지를 평가하는 검사로서 대표적인 예가 로샤 잉크반점 검사와 여러 종류의 그림검사들이다.

그림검사 중에서도 우리나라에서 많이 활용되는 H-T-P(집-나무-사람 그림검사)를 예로 들면 수검자는 백지 위에 집, 나무, 사람을 그리라는 지침을 받는다. 그 외의 어떤 지침도 주어지지 않기 때문에 그림을 그리는 데는 정해진 정답이 없다.

수검자는 그림을 그려가는 과정에서 자신의 생각, 감정, 욕구 등을 백지에 투사한다. 검사자는 수검자가 어떤 방식으로 그림을 그리는지, 무엇을 투사하는지, 특이한 점은 없었는지를 살펴보고 해석한다.

투사검사는 수치로 나타날 수 없는 수검자의 무의식적 특성을 이해할 수 있다는 장점이 있다. 그러나 평가가 검사자의 경험과 직관에 의해 왜곡될 위험이 있다.

이런 단점을 보완하기 위해 투사검사에도 최소한의 채점 지침을 제공하기도 한다. 가장 이상적인 방법은 객관적 표준화 검사와 투사검사를 함께 사용해 수검자를 종합적으로 평가하는 것이다.

자기보고식 검사

MMPI와 같이 수검자가 직접 질문지에 응답을 하는 방식으로 실시되는 검사를 자기보고식 검사라고 한다. 검사를 통해 객관적인 성격을 측정하려 하지만 자기보고식 검사에서 말하는 '객관성'이라는 것도 결국은 수검자 인식의 영향을 받는다.

수검자가 실제 상당한 수준의 고통과 증상을 경험하고 있지만 자신을 드러내고 싶지 않은 경우, 또는 자신의 고통을 인지하지 못하고 있는 경우에는 결과 프로파일이 수검자의 상태를 객관적으로 제공하지 못할 수 있다.

MMPI로 수검자를 평가하다보면 평가 전 인터뷰에서 보여지는 수검자의 모습, 또는 가족들의 보고와는 다르게 프로파일이 매우 평안할 때가 있다. 결과의 불일치를 놓고 어떻게 해석해야 할지 당혹스러울 때가 있는데, 이런 현상을 자기보고식 검사의 한계로 이해하고 타당도 척도를 살펴본다면 도움이 될 것이다.

MMPI 검사의 3가지 특징

1. 경험적 방식으로 만들어진 검사
2. 객관적 표준화 검사
3. 자기보고식 검사

MMPI 검사,
어떻게 실시하는가?

MMPI 검사 실시의 절차는 다음과 같다. '실시자격 확인하기 → 수검자의 적합성 확인하기 → 실시 안내하기 → 수검태도 관찰하기 → 채점하기'

실시 자격 확인하기

심리평가는 전문적인 작업이기 때문에 심리검사에 따라 검사자에게 요구하는 자격 요건들이 있다. 우리나라에서 MMPI-2를 판매하고 관리하고 있는 (주)마음사랑에서는 MMPI를 다룰 수 있는 최소한의 자격 요건으로 아래 사항을 기준으로 삼고 있다.

구입 및 자격에 대한 자세한 사항은 (주)마음사랑 홈페이지(www.maumsarang.kr)를 확인하면 알 수 있다.

전문 자격증

- 심리평가와 정신병리 교육, 종합적인 심리평가 실습을 포함하는 자격증 소지자
- 한국임상심리학회에 등록된 임상심리전문가 수련생 2년차 이상

평가 및 정신병리에 대한 전문적 지식

- 관련학문 석사학위 소지자 이상
- 전문가(기관 확인 필요)에 의한 MMPI 워크샵, 정신병리 강의 수강자

수검자의 적합성 확인하기

MMPI-2(성인용)는 만 19세 이상의 성인, MMPI-A(청소년용)는 만 13~18세의 청소년을 대상으로 한다. 수검자는 문항을 읽고 응답하는 데 신체적인 문제가 없어야 한다. 매뉴얼은 수검자에게 시각적 문제가 있다면 안경이나 다른 방법들을 제공할 것을 제안한다. 또한 수검자는 문항이 의미하는 바가 무엇인지 읽고 이해할 수 있어야 한다.

대부분의 자기보고식 검사는 수검자가 초등학교 5~6학년 수준 이상의 독해력을 가지고 있으면 무리 없이 응답할 수 있게 만들어진다. MMPI 역시 초등학교 6학년 수준 이상의 독해능력이 있는 수검자에게 적합하다.

실시 안내하기

검사는 조용하고 편안하게 검사를 실시할 수 있는 장소에서 이루어지는 것이 좋다. 상담실이나 상담센터의 따로 마련된 검사실에 검사지, 필기도구, 책받침(책상이 없는 경우), 지우개나 수정테이프를 미리 배치해놓는다.

수검자가 검사지 첫 페이지에 있는 안내사항을 꼼꼼히 읽도록 안내하고, 되도록 검사 중간에 자리를 떠나지 않도록 감독한다. 답안지는 검사지 가장 뒷장에 있으므로 수검자에게 답안지 작성에 대해 간단하게 안내한다. 간혹 답안지를 찢어도 되는 것을 모르고 페이지를 넘겨가며 불편하게 검사를 받는 사람들도 있다.

개인정보를 쓰지 않는 경우도 있으므로 세심하게 안내한다. 수검자들 중에는 일부 문항에 확실한 응답을 할 수 없다며 '예'나 '아니오'의 중간에 체크를 하거나, 둘 다 체크를 하는 경우도 있다. 이럴 땐 '현재' 자신의 모습에 따라 응답할 수 있도록 안내하고, 둘 다 해당될 경우에는 둘 중 되도록 '자주'하는 문항을 선택하라고 한다.

검사를 마치는 데까지 대부분 1시간 내외(40~90분)가 걸린다. 만약 별다른 이유 없이 너무 빨리 마쳤거나 지나치게 늦어진다면 체크해놓고 해석에 참고한다. 검사는 한 장소에서 한 번에 하는 것이 원칙이다.

그래함 박사(John R. Graham)에 따르면 병리증상이 심한 경우,

불안의 정도가 매우 높아 검사를 한 번에 마칠 수 없는 내담자들에게는 검사를 두세 번에 걸쳐 나눠할 수도 있다고 한다. 그러나 이런 예외사항은 특수한 경우에만 적용되어야 한다. 쉬었다 검사를 하게 되면 태도가 달라질 수 있으므로 권장하지 않는다.

컴퓨터 화면으로 실시하는 경우 검사실에 미리 준비된 컴퓨터를 사용하고 화면, 키보드에 이상이 없는지 사전에 확인한다. 화면 실시는 대부분 지필검사보다는 빨리 끝난다.

MMPI 검사는 단체로 실시할 수도 있다. 최근 입학이나 선발을 위해 MMPI 검사를 실시하는 경우가 자주 있는데 이런 경우 OMR 답안지를 사용한다.

수검태도 관찰하기

수검자가 검사를 실시하는 동안 검사자는 수검자의 태도를 관찰한다. 검사에 방해가 될 정도로 주시할 필요는 없지만 자연스럽게 같이 있으며 특이한 사항이 없는지 확인한다.

수검자가 단순한 문항도 자주 물어보는지, 특정 문항에 대한 불평을 토로하는지, 답안지를 작성할 때 지침을 따르는지, 지나치게 강박적으로 수정하는지, 소요 시간이 적절한지, 충동적으로 자리를 이탈하는지 등의 여부는 관찰을 통해서만 알 수 있는 정보이다.

수검자가 검사를 끝내면 빠진 사항은 없는지 답안지를 한 번 더 확인한 후 검사 실시를 마친다. 무응답한 문항이 30개 이상이면 해석이 불가능하므로 유의한다.

채점하기

채점은 (주)마음사랑 홈페이지에서 다운받을 수 있는 Mscore 컴퓨터 프로그램으로 한다. 검사자가 컴퓨터에 직접 체크해 입력해야 하지만 사용방법이 간단하다. 결과지가 채점을 한 컴퓨터 또는 마음사랑 온라인 저장공간에 자동으로 저장되기 때문에 유용하다.

보완을 위해 채점을 한 컴퓨터 또는 온라인 저장공간 외에는 어느 곳에도 기록으로 남지 않는다. 결과는 이미지 파일(TIF, JPG, PDF)과 엑셀 파일로 저장할 수 있다.

> MMPI 검사 실시의 절차
>
> 실시자격 확인하기 → 수검자의 적합성 확인하기 → 실시 안내하기 → 수검태도 관찰하기 → 채점하기

MMPI 검사의 목적과 한계점을 파악하자

심리검사는 수검자의 민감한 정보를 다루므로 수검자의 호소문제에 부합하는 검사를 선별해서 수검자의 이익을 도모하는 방향으로 실시한다.

MMPI 검사의 목적

MMPI 검사의 주요 목적은 앞 장에 설명한 바와 같이 진단과 성격의 이해이다.

검사자는 검사 도구를 활용해 내담자가 현재 경험하는 심리적 고통을 측정하고, 증상이 명확할 때에는 증상에 맞는 진단을 도출해 치료에 도움이 되는 지침을 제공한다. 그렇다고 특정 진단을 내리기 위해서만 검사를 사용하지는 않는다.

MMPI에는 질적 속성(내담자가 겪는 심리적 고통이 무엇인가?)과 양적 속성(내담자는 현재 얼만큼의 고통을 겪고 있나?)이 모두 포함되어 있다. 만약 내담자 파일의 질적속성과 양적속성이 모두 특정

병리에 부합한다면 진단을 내린다.

그러나 내담자가 어떤 질적속성(예: 우울)을 기준 이하의 양적 속성(예: 65점 미만의 점수)만큼 가지고 있다면 검사의 두 번째 목적인 성격의 경향성을 측정하는 데 결과지를 활용할 수 있다.

다른 모든 검사와 마찬가지로 MMPI를 남용하지 않도록 주의할 필요가 있다. 간혹 상담자에 따라 무조건 MMPI를 실시하거나, 여러 사람에게 자신이 익숙한 한 가지 도구만을 실시하는 경우가 있는데 이런 태도는 지양해야 한다.

어떤 검사든지 수검자의 민감한 정보를 다루므로 수검자의 호소문제에 부합하는 검사를 선별해서 수검자의 이익을 도모하는 방향으로 실시해야 한다.

MMPI 검사로 알 수 있는 정보

위의 2가지 목적을 기반으로 MMPI 결과를 통해 다음과 같은 사항들을 알 수 있다.

- 정서적 불편감과 고통의 정도
- 주요 증상
- 수검자의 현재 기능 수준
- 수검자의 성격 경향

- 수검자의 문제해결 전략
- 수검자의 주요 방어기제
- 수검자의 심리적 자원

MMPI 검사의 한계

MMPI는 모든 수검자에게 적합한 검사는 아니다. 일단 검사가 길고, 문항이 복잡하다. 초등학교 6학년 수준에 맞추어져 있다고 하지만, 일정 수준 이상의 주의집중력이 요구되기 때문에 대상자가 한정된다. 아래는 MMPI가 적합하지 않은 대상들이다.

- 아동과 고령의 노인 등 장시간 주의집중이 어려운 사람
- 검사의 표준화가 이루어지지 않은 국가의 시민
- 읽기와 응답이 어려운 사람
- 인지 기능에 문제가 있는 사람
- 착석이 불가능할 정도로 불안한 사람
- 검사에 지나치게 부정적 태도를 보이는 사람

MMPI 검사의 타당도 척도와 임상척도에 대해 알아보자

타당도 척도의 주요한 목적은 검사자가 '해당 프로파일을 얼마나 정확하다고 믿고 해석할 것인가'를 알려주는 데 있다. 또한 MMPI-2에는 10개의 임상척도가 있다.

타당도 척도란 무엇인가?

검사에서 타당도란 결과가 수검자의 모습을 얼마나 제대로 설명해주고 있는지를 나타낸다. 거울에 비유하면 이해가 쉽다. 타당도가 높은 검사는 깨끗한 거울과 같아서 수검자를 있는 그대로 비춰줄 수 있지만 타당도가 낮은 검사는 얼룩진 거울처럼 수검자를 제대로 읽지 못한다.

임상 현장에서 사용하는 대부분의 검사들은 검사 자체의 타당도가 이미 연구된 검사들이다. MMPI 역시 검사 자체의 타당도가 검증되었기 때문에 현장에서 믿고 사용할 수 있는 성격검사다. 그러나 검사 자체의 타당도만으로는 개별 프로파일의 결과가 정확하다고 보기 어렵다.

만약 어느 노인이 검사받는 당일 돋보기 안경을 가지고 오지 않아 '예'와 '아니오'를 혼동했다면 검사결과는 노인의 성격을 정확히 반영할 수 없다.

마찬가지로 우리말이 미숙한 외국인이 어쩔 수 없이 한국어 버전으로 검사를 받았다면 그 결과도 외국인의 성격을 정확히 반영했다고 볼 수 없다.

외국인의 경우에는 2가지 주요한 문제가 생기는데, 하나는 단순한 언어의 문제다. MMPI 검사의 성격상 질문의 수가 많고 문장이 단순하지 않기 때문에 해당 언어에 익숙하지 않다면 제시문을 혼동하기 쉽다.

필자의 경우 미국에서 대학원을 다닐 때 심리평가 수업을 위해 MMPI 검사를 받았다. 영어가 모국어가 아니기 때문에 몇 가지 이중 부정의 문장은 '그렇다'에 체크를 해야 하는 것인지, '아니다'에 체크를 해야 하는 것인지 바로 떠오르지 않았다. 그때 종이가 아니라 컴퓨터로 검사를 받았는데 문항은 많고, 스크린을 오래 보니 눈은 침침하고, 이미 엔터를 눌렀기 때문에 그냥 넘어가버려 찝찝해했던 기억이 난다.

이런 경우 검사 응답의 패턴이 비일관적이 될 가능성이 높다. 단순한 언어의 문제는 사전이나 통역을 이용해서 보완이 가능하다. 하지만 문화적 규준의 차이는 고려할 사항이 더 많다. 어떤 행동은 어느 사회에서는 문제가 되지만 다른 사회에서는 통용적으로 넘어갈 수도 있다.

예를 들어 '얼마나 공격적이어야지 그 사람의 성격이 공격적이라고 볼 수 있는가?'를 생각해보자. 내전과 위기가 많은 문화권에서는 기본적으로 다른 사람을 의심하고 공격적으로 대하는 태도가 자기를 보호하는 수단으로 당연시된다. 실제로 중동이나 아프리카에서 온 수검자들을 검사해 보면 방어, 공격, 편집과 관련된 척도가 올라가는 경향이 있다.

만약 그 문화권에서 타당도가 검증된 MMPI 버전을 구할 수 없어서 미국 규준의 영문판을 사용한다면 수검자의 결과는 일반적으로 응답하는 사람들의 결과와 다르게 나올 수 있다. 이럴 때 살펴봐야 하는 것이 타당도 척도다.

MMPI 검사에서 타당도 척도는 여러 가지 변수들을 고려해줄 수 있다. 수검자의 태도가 타당도 척도에 반영되기 때문이다. 결국 타당도 척도의 주요한 목적은 검사자가 '해당 프로파일을 얼마나 정확하다고 믿고 해석할 것인가'를 알려주는 데 있다.

임상척도란 무엇인가?

MMPI-2에는 다음과 같은 10개의 임상척도가 있다.

- Hs(1번/건강염려증)
- D(2번/우울증)
- Hy(3번/히스테리)
- Pd(4번/반사회성)
- Mf(5번/남성성-여성성)
- Pa(6번/편집증)
- Pt(7번/강박증)
- Sc(8번/조현증)
- Ma(9번/경조증)
- Si(0번/사회적 내향성)

편의에 따라 영문 약자로 부르기도 하고 괄호 안 번호를 부르기도 한다. 각각의 임상척도는 특정한 진단명과 증상을 나타낸다.

이 검사를 실시하는 주 목적이 진단이기 때문에 임상척도는 MMPI 결과 프로파일에서 가장 중요하다고 할 수 있다. 원판에서 절단점(Cut-off)을 T 70점으로 정한 것과 달리 MMPI-2에서는 뚜렷한 절단점을 제시하고 있지 않다.

임상척도의 점수 분류

T 점수	질적 분류	해석
T 75 이상	매우 높은 점수	증상을 심각하게 나타내고 있음
T 65 이상	높은 점수	증상을 유의미하게 나타내고 있음
T 55 이상	약간 높은 점수	성격의 경향성이 나타남
T 45 이상	보통 점수	해석하지 않음
T 45 이하	낮은 점수	해석하지 않음

하지만 대부분의 임상가들은 T 65점 이상을 임상기준으로 보고 있다. 즉 T 65점 이상일 경우 해당 척도가 나타내는 증상을 임상 수준으로 경험하고 있다는 뜻으로 해석할 수 있다.

여기서 낮은 점수의 의미는 무엇인가? 원판 MMPI에서는 낮은 점수도 해석을 했다.

예를 들어 9번 경조증(Ma) 점수가 T 45 이하로 낮은 경우 '에너지 수준이 유의미하게 저하되어 있다'는 해석이 가능했다. 최근 전문가들이 MMPI-2 임상척도의 낮은 점수를 놓고 다양한 의견을 제시하고 있지만 아직 일치된 결과가 없다.

따라서 MMPI-2에서 낮은 점수는 해석하지 않는 것이 바람직하다는 의견이 대다수다. 단, 5번(Mf)과 0번(Si)은 낮은 점수도 해석할 수 있다.

결과지를 읽을 때 이 프로파일이 수검자의 것이 맞는지 기본정보 다음에 확인해야 하는 부분이 타당도 척도이다. 검사를 해석하기 위해서는 검사 결과가 '타당한지?'에 대한 확신이 있어야 한다. 우리는 그 확신을 '타당도 척도'로부터 얻을 수 있다. MMPI-2에는 9개의 타당도 척도가 있다. 9개를 개별적으로 외우지 않아도 3범주(얼마나 일관적으로 응답했는가? 얼마나 다르게 응답했는가? 얼마나 방어적으로 응답했는가?)로 묶어 이해하면 쉬울 것이다.

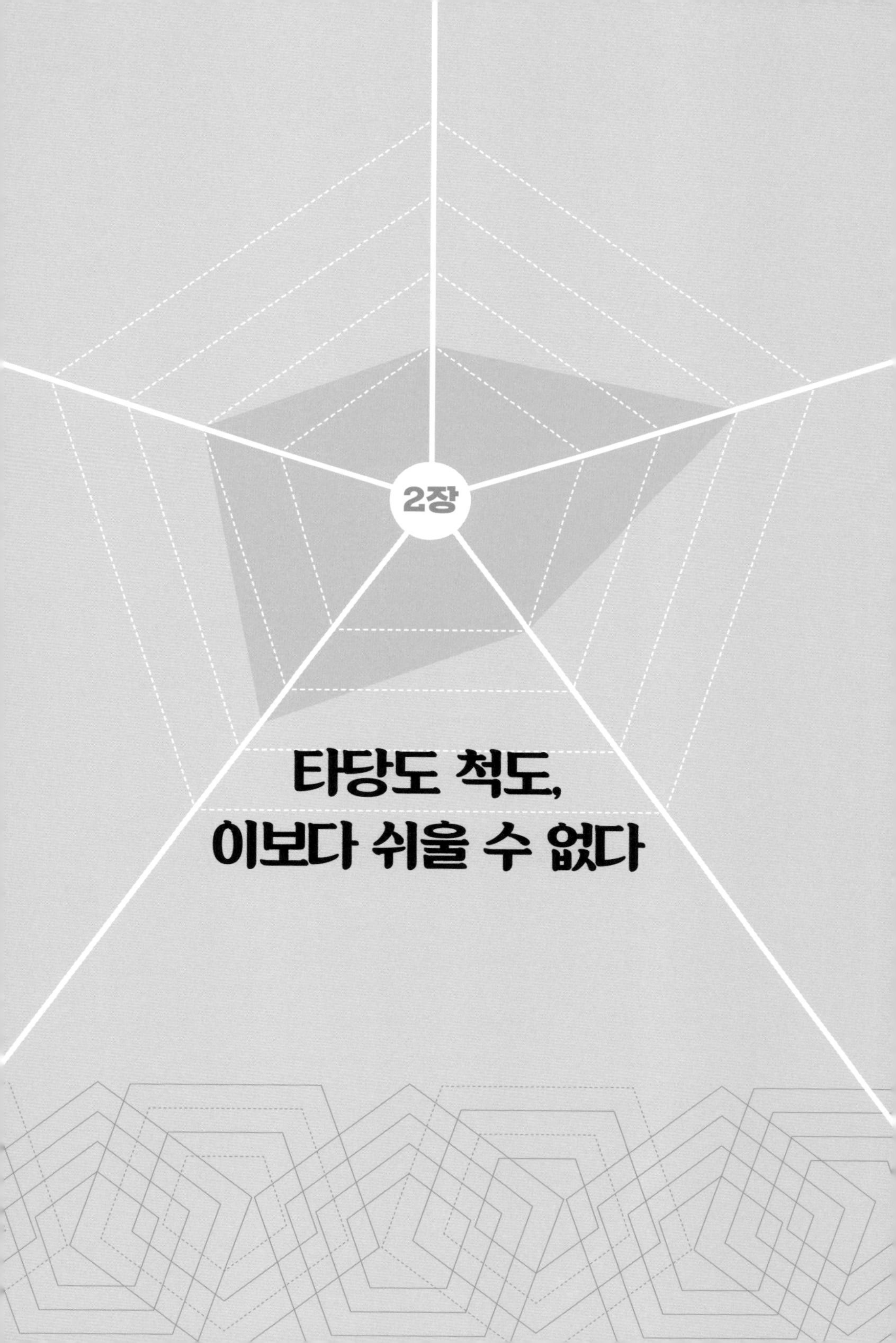

2장

타당도 척도, 이보다 쉬울 수 없다

타당도 척도의 종류에 대해 알아보자

MMPI 검사의 타당도 척도는 크게 3가지 영역으로 구분할 수 있다. 얼마나 일관적인 태도로 응답했는가? 얼마나 다르게 응답했는가? 얼마나 방어적으로 응답했는가?

1989년 MMPI가 MMPI-2로 개정되면서 기존의 무응답(?), L, F, K 3가지로 구성되었던 타당도 척도가 9가지로 세분화되었다. 프리드만 외(Friedman, Lewak, Nichols, Webb, 2008)는 타당도 척도가 크게 아래 4가지를 알려준다고 한다.

1. 수검자가 모든 문항을 이해하고 응답했는가?
2. 수검자가 얼마만큼의 심리적 고통과 병리적 행동을 경험하고 있는가?
3. 수검자가 의식적 혹은 무의식적으로 잘 보이거나 나쁘게 보이려고 하는가?
4. 수검자가 반응을 일관적으로 했는가?

1번의 경우는 무응답 척도를 보면 알 수 있다. 무응답척도 혹은 (?)로 표기되는 이 척도는 원 명칭(cannot say)이 암시하듯 어떤 이유에서건 하나를 선택하지 않은 경우다. 빈칸으로 남겨두거나 '그렇다' '아니다' 양쪽 모두에 체크한 문항이 많으면 무응답 척도 점수가 올라간다.

무응답 척도는 주로 개수를 살펴보는데, 특별한 이유 없이 무응답 개수가 30개가 넘는다면 결과를 해석하지 않는다.

그러나 무응답 개수가 많을 경우에는 그 이유가 무엇인지, 혹시 비슷한 항목들에서 무응답을 하지 않았는지를 꼭 살펴봐야 한다. 수검자들은 간혹 자신에게 해당이 없다고 생각하는 목록들, 또는 말하기 곤란한 영역들에 무응답을 한다. 예를 들어 술을 전혀 마시지 않는 사람이 술에 관련된 응답을 해야 할 때, 성에 대한 응답을 해야 할 때 등이다.

이런 경우 검사를 실시할 때 되도록 나에게 맞는 것으로 빠짐없이 응답하라고 안내를 해주는 것만으로도 무응답 개수가 내려간다. 또는 수검자가 검사를 실시하는 기본적인 절차에 대해 이해할 수 있는 인지능력이 없을 때, 심각한 뇌의 손상이 있을 때에도 무응답이 많아질 수 있다.

시간이 촉박한 상황에서는 검사 전반부 370문항만 실시하기도 하므로 혹시 그런 경우인지 확인해야 한다.

무응답 점수

무응답(원점수): 1	F-K(원점수): 12	
긍정응답 비율 60%	부정응답 비율 40%	프로파일 상승 정도(전체규준T) 58%

타당도 척도의 3가지 영역

무응답 척도는 타당도 척도이기는 하지만 프로파일 표 안에 들어가 있지 않고 첫 페이지 하단에 따로 표기되어 있다. 상담 장면에서는 특별한 경우가 아니면 상승되는 경우가 적고, 해석의 여지가 크지 않으므로 타당도를 언급할 때 빠지는 경우가 많다. 그러나 수검자의 무응답 척도의 문항이 무엇인지 살펴본다면 질적인 해석에 도움이 되기도 한다.

무응답 척도를 제외하면 MMPI 검사의 타당도 척도는 크게 3가지 영역으로 구분할 수 있다.

- 첫째, 얼마나 일관적인 태도로 응답했는가?
- 둘째, 얼마나 다르게 응답했는가?
- 셋째, 얼마나 방어적으로 응답했는가?

타당도 척도의 종류

	타당도 척도	내용
얼마나 일관적으로 응답하는가	? 무응답	무응답으로 남겨둔 문항의 개수
	VRIN 무선반응 비일관성	'그렇다/아니다' 응답의 패턴이 서로 일관적이지 않은 정도
	TRIN 고정반응 비일관성	'그렇다/아니다' 응답이 문항과 상관없이 한 방향으로 고정된 정도
얼마나 다르게 응답하는가	F 비전형	전형적인 응답과 다르게 반응한 정도
	F(B) 비전형 후반부	검사 후반부에서 전형적인 응답과 다르게 반응한 정도
	F(P) 비전형 정신병리	수검자가 정신병리 증상을 과장한 정도 (faking bad)
	FBS 증상 타당도	수검자가 정신병리 증상을 과장한 정도 (faking bad)
얼마나 방어적으로 응답하는가	L 부인	가벼운 문항들에 '아니다'라고 부인하는 정도
	K 교정	보다 세련되고 교묘한 방어를 하는 정도
	S 과장된 자기제시	자신을 과장되게 긍정적으로 제시하려는 정도

VRIN, TRIN
_얼마나 일관적으로 응답했는가?

VRIN은 수검자가 여러 응답의 패턴을 일관적이지 않게 응답했을 때, TRIN은 수검자가 '그렇다'나 '아니다' 한쪽 방향으로만 지속적으로 반응했을 때 상승하는 척도이다.

VRIN(무선반응 비일관성) 척도

이름부터 먼저 살펴보자. 브린(VRIN)은 Variable Response Inconsistency의 약자로 풀어쓰면 '여러 응답들의 패턴이 서로 일관적이지 않을 때' 올라가는 척도다. MMPI는 수검자의 태도를 살펴보기 위해서 비슷하거나 반대되는 문항들을 배치한다.

그런데 만약 수검자가 비슷한 내용을 물어보는 문항을 '그렇다'라고 답했다가 나중에는 '아니다'라고 한다면(또는 완전히 상반되는 질문에 모두 '그렇다'라고 대답한다면), 올라가는 것이 브린(VRIN) 점수다.

이 점수가 높을 때 고려해야 할 사항들은 다음과 같다.

- 수검자의 검사 동기가 낮아 불성실하게 임했나?(아무렇게나 찍었나?)
- 수검자의 주의 집중력에 이상이 있나?
- 수검자가 문항을 읽고 이해하는 데 어려움이 있나?

브린(VRIN)이 T점수 80 이상이라면 검사 결과는 해석하지 않는다. 매뉴얼에 따르면 이 척도가 T 64점 이하일 때 결과가 타당한데, 만약 65~79점에 해당되는 점수가 나왔다면 무엇이 비일관적 응답을 일으켰는지 살펴보고 이를 감안해 해석하는 것이 좋다.

TRIN(고정반응 비일관성) 척도

브린(VRIN)이 수검자가 반응을 랜덤하게 했을 때 상승하는 척도라면, 트린(TRIN: True Response Inconsistency)은 수검자가 '그렇다'나 '아니다' 한쪽 방향으로만 지속적으로 반응했을 때 상승하는 척도다. 만일 수검자가 완전히 상반되는 두 질문 모두에 '아니다'라고 응답했다면 결과를 통해 수검자의 성격을 예측하기 어려워진다.

이 척도는 점수 옆에 알파벳으로 T(그렇다) 또는 F(아니다)가 표기되어 있다. 그래서 점수를 보면 수검자가 어느 방향으로 고정되게 반응했는지 알 수 있다. 이 점수가 높을 때 고려해야 할 사항들은 다음과 같다.

- 수검사의 검사 동기가 낮아 불성실하게 임했나?(한 방향으로 찍었나?)
- 수검자의 주의 집중력에 이상이 있나?
- 수검자가 문항을 읽고 이해하는 데 어려움이 있나?
- 수검자가 자신의 증상을 과장하기 위해 무조건 '그렇다'로 응답했나?
- 수검자가 검사를 방어하기 위해 무조건 '아니다'로 응답했나?

트린(TRIN) 역시 T점수가 80점 이상이면 결과를 해석하지 않는다. 이상적으로 50~64점일 때 결과가 유효하지만 65~79점이

VRIN, TRIN 점수 해석의 예

수검자 A

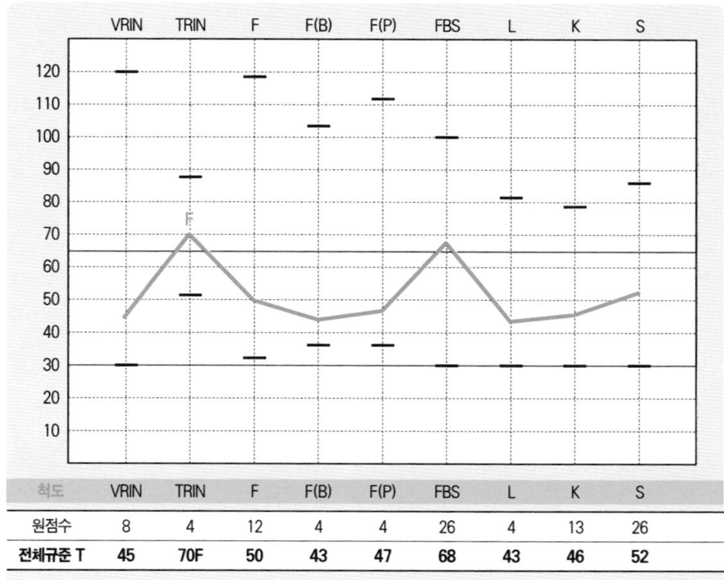

척도	VRIN	TRIN	F	F(B)	F(P)	FBS	L	K	S
원점수	8	4	12	4	4	26	4	13	26
전체규준 T	**45**	**70F**	**50**	**43**	**47**	**68**	**43**	**46**	**52**

수검자 B

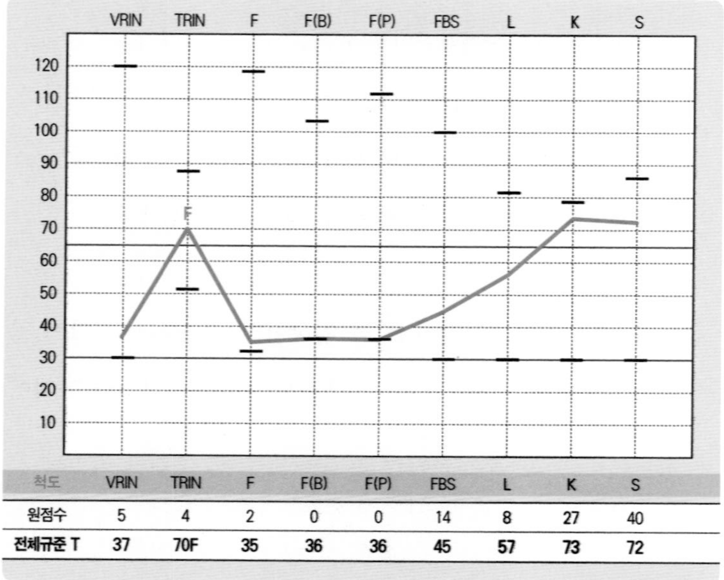

척도	VRIN	TRIN	F	F(B)	F(P)	FBS	L	K	S
원점수	5	4	2	0	0	14	8	27	40
전체규준 T	**37**	**70F**	**35**	**36**	**36**	**45**	**57**	**73**	**72**

라도 프로파일을 해석할 수 있다. 단, 상승된 점수가 무엇을 의미하는지 주의 깊게 봐야 한다.

만약 65T~79T라면 수검자가 증상을 과장하고자 했는지 확인할 필요가 있다. 반대로 65F~79F라면 자신을 방어하고자 했는지 확인할 필요가 있다. 이를 확인하기 위해서는 다른 타당도 척도들(F, L, S, K)을 살펴봐야 한다.

두 결과 모두 '트린(TRIN)=70F'로 수검자가 '아니다' 방향으로 고정되게 응답했다. A 프로파일은 방어성을 나타내는 L, K, S 점수가 낮아 수검자가 증상을 방어적으로 축소했을 가능성은 낮다.

오히려 FBS가 약간 상승되어 있어 증상을 과장하려는 듯 보인다. 그러므로 A프로파일의 'TRIN=70F'는 부주의함이나 문항 이해도의 부족일 확률이 높다.

반면 같은 점수라도 수검자 B는 문제를 축소보고하려는 경향과 문항에 '아니다'라고 응답하는 경향이 함께 높아, 상승된 트린(TRIN)이 '아니다'라고 말하는 특성과 방어성을 반영하고 있음을 알 수 있다.

F, F(B), F(P), FBS _얼마나 다르게 응답했는가?

F는 대부분의 사람이 표기한 바와 다르게 응답한 경우 올라가는 비전형척도다. F(B)는 검사 후반부에 달라지는 태도를, F(P)는 심각한 병리 문항에 응답한 경향을, FBS는 증상을 과장한 경향을 나타낸다.

F(비전형)척도

F는 Infrequency의 약자로 비전형 척도라고 부른다. 쉽게 말해 대부분의 사람들이 '아니다' 하는 질문에 '그렇다' 했다면 F척도가 올라간다. 예를 들어 '귀신이나 악령이 가끔 나를 지배한다'는 문항은 병리가 없는 대부분의 사람은 아니라고 응답한다.

F척도는 일반적으로 망상, 환청과 같은 심각한 정신병리와 관련되어 있기 때문에 상승되면 일단은 빨간불을 켜고 봐야 한다. 매뉴얼은 F척도가 상승되었을 때 VRIN, TRIN 척도를 함께 살펴볼 것을 제안한다. 당연하다. 수검자가 응답을 불성실하게 임했다면 VRIN, TRIN 점수가 올라간다.

이렇게 되면 제대로 읽었으면 절대로 '그렇다'고 하지 않았을 질문에도 '그렇다'고 체크할 확률이 높기 때문이다. VRIN과 TRIN이 기준점 이상으로 높은 경우에는 프로파일을 해석하지 않기 때문에 F가 높더라도 심각한 정신병리를 암시한다고 볼 수 없다.

이 점수가 높을 때 고려해야 할 사항은 다음과 같다.

수검자가 내용을 제대로 고려하지 않고 불성실하게 임했는가?

- 만약 그렇다면 VRIN과 TRIN를 살펴볼 것.

수검자가 의도적으로 안 좋게 보이고자 증상을 과장해서 보고하는가?

- 만약 그렇다면 F(P)와 FBS를 살펴볼 것.

수검자가 실제로 심각한 정신병리를 경험하고 있는가?

- 만약 그렇다면 임상척도 몇 번이 상승하는지 살펴볼 것.

F 척도의 해석

F 척도 / 임상 상황 (입원)	
100점 이상	심각한 정신병리 문제 과장보고(faking bad) 가능성
80 ~ 99점	문제 과장 가능성 도움 호소 결과가 타당할 수 있음
55 ~ 79점	결과가 타당함
54점 이하	문제 축소보고(faking good) 가능성

F 척도 / 임상 상황 (외래)	
100점 이상	심각한 정신병리 문제 과장보고(faking bad) 가능성
80 ~ 99점	문제 과장 가능성 도움 호소 결과가 타당할 수 있음
55 ~ 79점	결과가 타당함
54점 이하	문제 축소보고(faking good) 가능성

F 척도 / 일반적 상황	
80점 이상	심각한 정신병리 문제 과장보고(faking bad) 가능성
65 ~ 79점	문제 과장 가능성 도움 호소 결과가 타당할 수 있음
40 ~ 64점	결과가 타당함
39점 이하	문제 축소보고(faking good) 가능성

F(B) 비전형-후반부 척도

F(B)의 B는 Back, 즉 검사의 후반부를 나타낸다. 567문항에 응답을 하다보면 지루하고 피곤해서 갑자기 응답 태도가 달라질 수도 있다. F(B)척도는 이런 응답 태도의 변화를 잡아낸다.

만약 F(B)가 T점수 90(비임상 장면 기준, 임상 장면에서는 110) 이상이라면 검사 후반부에 응답한 내용들은 신뢰할 수 없다.

MMPI는 전반부에 중요한 문항들을 배치해놓았기 때문에 F(B)가 90점 이상이라면 타당도와 임상척도만 해석하고, 내용/보충/소척도는 해석하지 않는다.

F(P) 비전형-정신병리 척도

F(P)의 P는 Psychopathology, 즉 특별히 심각한 정신병리를 가리킨다. F척도가 올라간다는 의미는 전체 해석에 중요한 변수다. 그래서 이 상승이 실제로 심각한 정신병리를 가졌다는 의미인지, 증상을 과장하기 위한 태도 때문에 올라간 것인지를 구별할 필요가 있다. 이때 살펴보는 척도가 F(P)로 만약 수검자가 증상을 일부러 과장한 것이라면 이 점수가 올라간다.

매뉴얼은 그 기준을 T 70점으로 두고 있다. F(P)가 70점 이상이라면 수검자가 증상을 과장했음을 염두에 두고 해석해야 한다. 만약 이 척도가 100점을 넘어간다면 그 프로파일은 해석하지 않는 것이 좋다.

FBS(증상 타당도)척도

F(P)척도와 마찬가지로 FBS가 상승되면 수검자가 증상을 일부러 과장했다고 볼 수 있다. 정신의학계에서 MMPI는 가장 자주 쓰이는 심리검사로 미국에서는 실제로 소송이나 보험신청을 위해 결과가 자주 보고된다.

이런 연유로 수검자들이 실제로 그만큼의 신체적, 정신적 고통을 겪고 있는지, '일부러 안 좋은 척(Faking Bad)'을 하는 것인지를 판단해주는 'Fake Bad Scale', FBS척도가 개발되었다.

물론 개발진은 추후에 이름을 '증상 타당도'로 바꾸었지만 여전히 약자는 FBS로 표기한다. 만약 FBS가 T 80점 이상이라면 수검자가 증상을 일부러 과장했을 가능성이 있다고 본다. F(P)와 마찬가지로 100점이 넘어가면 그 프로파일은 해석하지 않는 것이 좋다.

L, K, S
_얼마나 방어적으로 응답했는가?

L은 대부분의 사람이 인정하는 가벼운 문항에도 부인하는 경향을, K는 보다 세련되고 교묘하게 방어하는 경향을, S는 과장되게 도덕적으로 나타내는 경향을 나타낸다.

앞에 설명한 F(P), FBS가 수검자의 '과장보고(over reporting)' 경향성과 관련된 반면 지금 설명하는 방어성 척도들은 수검자의 '축소보고(under reporting)' 경향성을 알려준다.

L(부인)척도

'거짓말(Lie)'이라는 척도의 이름에 부응되게 이 척도는 대부분의 사람이라면 솔직하게 인정할 가벼운 문항들에 '아니다'라고 부인하는 경향을 나타낸다. 흔히 K척도와 비교해서 L척도를 세련되지 못한 방어의 시도로 해석한다.

L척도가 올라갔다면 가장 먼저 검사를 받은 이유를 살펴보는 것이 좋다. 최근에는 입사나 면접에 MMPI 검사를 많이 활용하는데, 이런 경우 사람들은 당연히 자신을 좋게 보이고 싶어 한다.

그래서 매뉴얼에서도 선발 상황에서는 L, K, S 점수가 T 65점 이상인 경우라도 지나치게 상승하지만 않는다면 해석이 가능하다고 명시하고 있다. T 50-59점 사이가 평균 점수로 그 프로파일은 타당하다.

L척도의 해석

L척도 / 임상 상황	
80점 이상	결과가 타당하지 않음
65 ~ 79점	문제 축소보고 방어 가능성 결과가 타당하지 않을 수도 있음
64점 이하	결과가 타당함

L척도 / 일반 상황	
80점 이상	결과가 타당하지 않음
70 ~ 79점	문제 축소보고 방어 가능성 결과가 타당하지 않을 수도 있음
65 ~ 69점	문제 최소화 결과가 타당하나 유의해서 해석
60 ~ 64점	세련되지 못한 방어 경향 결과가 타당함
59점 이하	결과가 타당함

K(교정)척도

K척도는 L척도가 감지하지 못하는 '보다 세련되고 교묘한 방어를 하는 경향'을 나타낸다. 일반적으로 고학력자일수록 이 점수는 올라간다.

맥그래스 외(McGrath, Sweeney, O'Malley, and Carlton, 1998)는 적당한 수준의 K점수는 오히려 수검자가 적당한 수준의 자아 강도와 심리적 자원을 가지고 있음을 의미한다고 한다.

다시 말해 적당한 수준의 K점수는 수검자가 자신의 단점을 적

K와 Hy 동반상승 예시

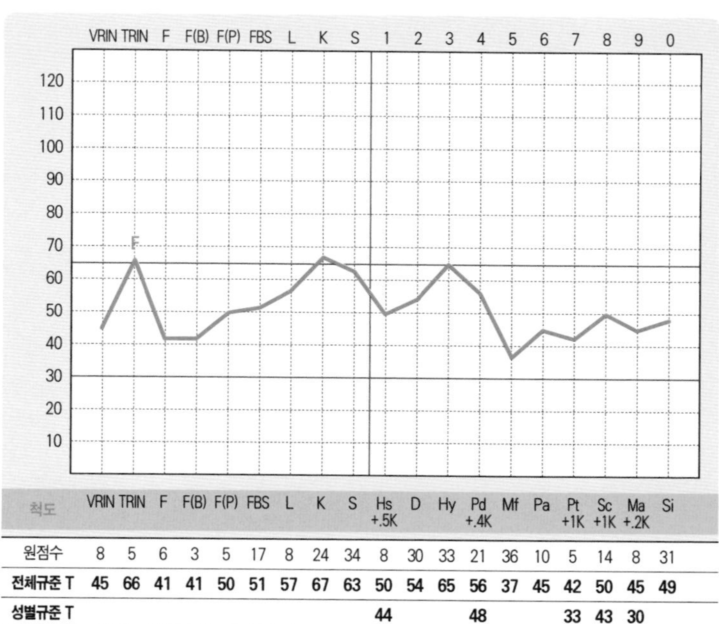

척도	VRIN	TRIN	F	F(B)	F(P)	FBS	L	K	S	Hs +.5K	D	Hy	Pd +.4K	Mf	Pa	Pt +1K	Sc +1K	Ma +.2K	Si
원점수	8	5	6	3	5	17	8	24	34	8	30	33	21	36	10	5	14	8	31
전체규준 T	**45**	**66**	**41**	**41**	**50**	**51**	**57**	**67**	**63**	**50**	**54**	**65**	**56**	**37**	**45**	**42**	**50**	**45**	**49**
성별규준 T										**44**			**48**			**33**	**43**	**30**	

K척도의 해석

임상 장면	
65점 이상	높은 방어 좋게 보이려 함(faking good) 증상 축소보고 결과가 타당하지 않을 수 있음
40 ~ 64점	결과가 타당함
40점 이하	안 좋게 보이려 함 (faking bad) 증상 과장보고, 도움 호소 결과가 타당하지 않을 수 있음

비임상 장면	
75점 이상	높은 방어 좋게 보이려 함(faking good) 증상 축소보고 결과가 타당하지 않을 수 있음
65 ~ 74점	중간 정도의 방어 좋게 보이려 함(faking good) 증상 축소보고 결과가 타당하지 않을 수 있음
40 ~ 64점	결과가 타당함
40점 이하	안 좋게 보이려 함 (faking bad) 증상 과장보고, 도움 호소 결과가 타당하지 않을 수 있음

당하게 가리며 사회적으로 적응할 수 있음을 제시한다. 반면 너무 낮은 K점수는 수검자가 지나치게 자신의 약점을 노출하고, 자신을 비하하는 경향이 있다고 볼 수 있다. T 40~64점 사이가 가장 이상적인 점수로 그 프로파일은 결과가 유효하다.

비임상 장면에서 T 75 이상의 높은 점수는 수검자가 지나치게 자신의 심리적 문제를 축소보고하는 것이므로 프로파일 결과가 타당하지 않다. T 65 이상으로 상승된 점수는 해석이 가능하다하더라도 수검자의 방어적인 성격 특성을 고려해야만 한다.

〈예시〉처럼 K가 높을 때 임상척도 중 3번(Hy)이 동반 상승되는 경우가 흔한데, 만약 그렇다면 수검자는 자기의 심리적 문제를 부인하고 분노나 불안과 같은 부정적 감정을 억압하는 성격적 경향이 있다고 볼 수 있다.

S(과장된 자기제시)척도

S척도는 이름 그대로 (Superlative Self-Presentation) 자신을 과장되게 선하고 도덕적이고 긍정적으로 제시하려는 경향을 나타낸다. L, K와 같이 이 척도도 증상을 축소해서 보고하는 '축소보

S척도의 해석

임상 장면	
70점 이상	높은 방어 좋게 보이려 함(faking good) 증상 축소보고 결과가 타당하지 않을 수 있음
69점 이하	결과가 타당함

비임상 장면	
75점 이상	높은 방어 좋게 보이려 함(faking good) 증상 축소보고 결과가 타당하지 않을 수 있음
70 ~ 74점	중간 정도의 방어 좋게 보이려 함(faking good) 증상 축소보고 결과가 타당하지 않을 수 있음
69점 이하	결과가 타당함

고' 경향과 관련이 있다. K와 S는 함께 상승하는 경우가 많다.

S척도는 보통 T 70점을 기준으로 69점까지는 프로파일이 타당하다고 본다. 70점 이상인 경우 수검자는 지나치게 자신을 좋게 제시하고 있고, 문제를 축소보고 하고 있으므로 결과가 타당하지 않아 해석하지 않는다. 하지만 선발 상황이나 비임상 장면에서 S가 70점 이상 상승되는 경우가 많아 절단점을 75점으로 둔다.

L, K, S 점수가 높을 때 고려해야 할 사항은 다음과 같다.

- 수검자가 검사 자체에 방어를 하고 있는가? 만약 그렇다면
  → 비자발적으로 검사 또는 상담에 왔나?
  → 비협조적인 태도가 나이(미성년자)와 관련이 있는가?
- 수검자가 자기를 좋게 보이려 하는가? 만약 그렇다면
  → 검사자에게 좋게 보여야 하는 상황인가? (입사, 입학 등)
  → 과장된 자기 인식이 수검자의 성격적 특성인가?
- 수검자가 자기의 심리적 증상을 축소해서 보고하고 있는가? 만약 그렇다면
  → 증상을 축소해야 하는 이로운 상황인가? (양육 결정권, 소송, 면접 등)
  → 부인과 억압기제를 사용하는 수검자의 특성인가?

사례로 배우는 L, F, K

MMPI 원판에서는 타당도 척도의 배열이 L, F, K 순서였기 때문에 타당도를 설명할 때 그래프 모양이 V인지 ^인지를 구분해 전자를 브이형, 후자를 삿갓형이라 불렀다. L, K가 높고 F가 낮은 V(브이)형은 수검자가 검사에서 자신을 좋게 보이려 방어한 것으로, 긍정왜곡(faking good)으로 해석했다.

반면 F가 높고 L, K가 낮은 ^(삿갓)형은 자신이 문제가 있음을 보고하고 있기 때문에 도움을 요청하는 태도(crying for help)로 여겼다. 쉽게 이해할 수 있는 설명이었는데 안타깝게도 그래프 모양에 따른 해석은 MMPI-2에 와서는 유용하지 않다.

타당도가 여러 종류로 세분화되었고, 척도 배열의 순서도 비일관성, 비전형, 방어성 척도가 순서대로 나열되어 있기 때문이다.

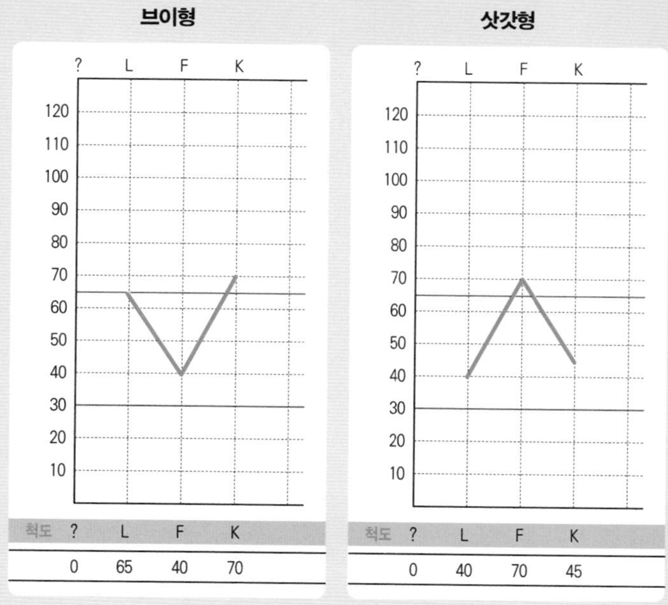

임상척도는 MMPI 해석의 꽃이다. 타당도 확인 후 결과를 해석하기로 판단했다면 임상척도를 면밀히 살펴본다. 임상수준 이상으로 상승된 척도가 무엇인지, 서로 어떻게 연결되는지, 척도들이 주는 정보를 통해 수검자에게 무엇을 더 탐색해야 할지 임상척도를 보며 결정한다. 수검자의 검사 목적과 검사를 통해 특별히 도움받고 싶어 했던 호소 문제를 잘 기억한다면 해석의 우선순위 결정에 도움이 될 것이다.

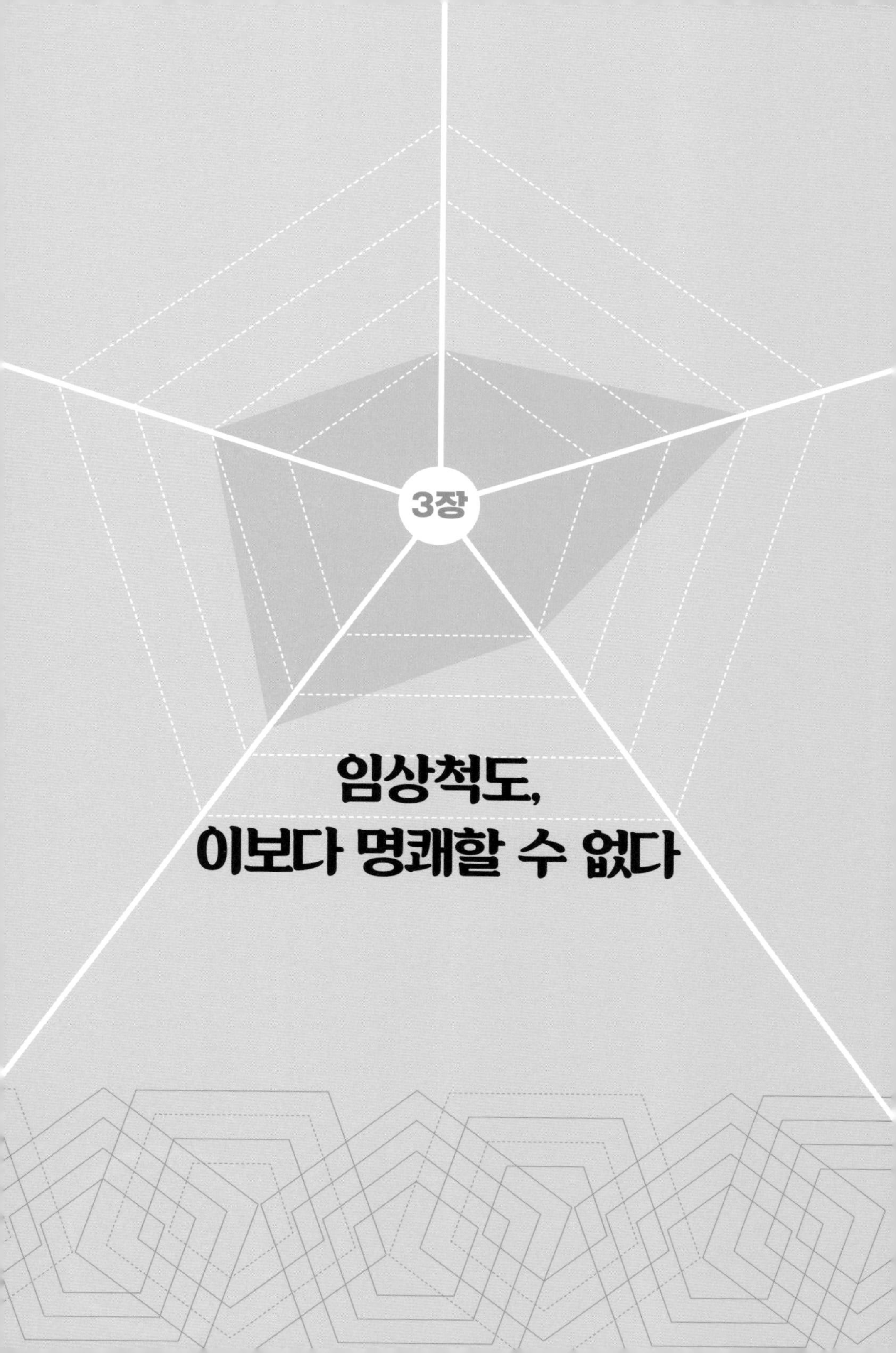

3장

임상척도, 이보다 명쾌할 수 없다

임상척도의 종류에 대해 알아보자

이제 MMPI 해석에서 가장 핵심이라고 할 수 있는 10개의 임상척도에 대해 보다 구체적으로 알아보도록 하자.

흔히 심리검사의 실시와 해석이 단순한 기술적 능력이라고 생각하는데 그렇지 않다. 심리검사란 보이지 않는 내면세계를 눈으로 볼 수 있게 코드로 만들어 변환해놓은 것이다. 그러므로 보이지 않는 내면세계와 보이는 코드를 모두 잘 숙지하고 있어야 활용할 수 있다.

MMPI도 마찬가지다. 임상척도에는 수검자의 증상에 대한 정보가 담겨 있으므로 임상척도를 잘 이해하기 위해서는 이상심리와 성격에 대한 지식이 선행되어야 한다.

MMPI-2에는 총 10개의 대표적 임상척도가 있다. 1번부터 0번까지 10개의 임상척도에는 각 척도가 재는 병리증상이 이름 붙

여져 있다.

1번(Hs)은 건강염려증 척도다. 이 척도와 관련된 증상은 질병불안장애와 신체증상장애로 신체와 관련된 심리적 고통을 측정한다. 이 점수가 높은 사람들은 건강에 대한 과도한 집착과 불안을 호소하는 경향이 있다. 특정 진단 기준에 부합되지 않더라도 이 점수가 높은 사람들은 심리적 고통을 신체증상으로 호소하는 신체화 경향이 있다.

2번(D)은 우울증 척도이다. 이 척도는 주요 우울장애뿐 아니라 수검자의 주관적 우울감을 측정한다. 수검자가 슬픔, 무기력, 근심, 감정의 둔화, 집중력의 저하 등 우울감과 동반해서 나타나는 문항들에 체크를 많이 한 경우 2번 척도는 상승된다. 그러므로 2번은 심리적 고통을 호소하며 상담을 찾는 내담자들의 프로파일에서 자주 상승하는 척도이다.

3번(Hy)은 히스테리 척도다. 다른 척도들이 진단명과 단순하게 매치되는 것과 달리 히스테리는 상대적으로 이해하기 어려운 척도이다. 3번을 상승시킨 수검자는 불안과 공격성을 부인하는 경향이 강하다.

더불어 애정에 대한 욕구가 크고 심리적 고통을 신체화하는 연극성 성격의 경향을 나타내지만, 3번이 높다고 단순히 연극성 성격장애로 진단할 수만은 없다. 따라서 3번(Hy)은 다른 척도들(타당도, 다른 임상척도)과의 상관성을 함께 놓고 해석해야 한다.

4번(Pd)은 반사회성 척도다. 4번은 임상에서 '외현화(acting out)'라고 하는 문제행동을 일으키는 경향을 측정한다. 외현화 문제는 주로 규칙과 법규를 어기는 행동, 권위자와의 마찰, 가정불화, 폭력과 공격성의 남용, 이로 인한 소외감을 뜻한다. 4번이 T 75 이상으로 상승해 있을 경우 수검자의 반사회성이 현저히 높을 수 있다.

그러나 수검자가 현재 반사회성을 나타낸다고 해서 반사회성 성격장애 또는 품행장애와 같은 진단을 내릴 것인지는, 수검자가 얼마나 오랫동안 실제적으로 외현화 문제를 일으켰는지 면밀히 조사한 후에 결정해야 한다.

5번(MF)은 남성성-여성성 척도다. 이 척도만 유일하게 남성과 여성 수검자에게 다른 해석을 적용한다. 그러나 남성이나 여성 모두 동일하게 이 척도에서 낮은 점수를 받은 경우는 전통적인 성역할에 부합하고 그것을 편하게 여기는 것으로, 반면에 높은 점수를 받은 경우는 전통적인 성역할의 성격특성과는 거리가 멀고 그것을 불편하게 여기는 것으로 해석한다.

6번(Pa)은 편집증 척도다. 이 척도와 관련된 증상은 편집적 경향을 띄는 조현증, 편집성 성격장애, 망상장애 등이 있다. 6번을 구성하는 문항들이 주로 수검자의 피해의식을 측정하기 때문에 6번을 상승시킨 수검자는 기본적으로 세상과 타인에 대한 불신, 분노, 원망이 많다고 해석할 수 있다.

기능은 괜찮지만 심리적 고통을 호소하며 상담실을 찾아오는 내담자 중에 6번이 상승된 이들이 많다. 6번이 상승한 경우 수검자의 피해의식이 억울함과 투사경향성과 같은 성격적 경향인지, 비현실적 신념과 망상 증상이 함께 있는지를 검토해야 한다.

7번(Pt)은 강박증 척도이다. 이 척도는 2번 척도와 마찬가지로 수검자의 주관적 고통에 민감하게 반응하기 때문에 다른 척도들과 관련지어 해석하는 것이 좋다. 이름은 강박증 척도이지만 사실 문항이 강박장애에서 특징으로 나타나는 강박적 사고와 행동, 취소 행동만을 구체적으로 측정하지 않는다.

그러므로 이 점수가 높을 경우 수검자가 높은 수준의 불안, 긴장, 초조한 정서, 긴장으로 인한 신체적 증상을 경험하고 있다고 보고, 관련 장애(강박증, 공황 등)가 없는지 추가적으로 살펴보는 것이 좋다.

8번(Sc)은 정신분열증 척도다. 8번이 상승되었다면 수검자의 일상생활을 유지하는 데 기본이 되는 사고체계에 어려움이 있다는 뜻이므로 주의 깊게 탐색해야 한다. 이 척도는 기본적으로 수검자에게 정신증적 증상(망상, 환각)이 있는지, 사회적으로 얼마나 철수되어 있는지를 측정한다.

9번(Ma)은 경조증 척도다. 이 척도와 관련된 증상은 양극성 장애의 조증 경향으로 점수가 상승될 경우 수검자의 과잉 활동성을 의미한다. 이 척도는 종종 6번, 8번과 동반상승된다. 그도 그

럴 것이 6번이 측정하는 피해의식과 소외감, 8번이 측정하는 비현실성과 고립감, 9번이 측정하는 과잉행동성과 비현실적인 자기감은 한 사람의 내면에 복합적으로 존재하기 때문이다. 그러므로 단일 척도가 단일 병리를 나타낸다는 단순한 해석은 지양해야 할 것이다.

0번(Si)은 사회적 내향성 척도다. 이 척도는 기본적으로 수검자의 내향적 경향성을 측정한다. 다른 척도들이 각 척도의 속성(점수)을 양적으로 많이 가지고 있을 경우에만 그 척도가 의미하는 진단속성을 가진다고 보는 데 비해 5번과 0번은 높은 점수와 낮은 점수 양방향으로 해석이 가능하다.

이 척도의 점수가 높을수록 수검자는 내향성이 강하다. 임상 수준 이상으로 높게 상승되어 있다면 수검자는 사회 상황에 자주 불편함을 느끼며 회피하는 경향이 있다. 반면 낮은 점수일수록 사회적 외향성이 높고, 다양한 사회활동을 추구하며 관계 의존적인 경향이 있다.

1번 Hs 건강염려증 척도 (Hypochondriasis)

이 척도의 주요 특징은 '건강에 대한 과도한 집착, 불안, 두려움과 신체증상에 대한 호소'다. 이 점수가 높은 사람은 별다른 의학적 근거가 없는데도 다양한 신체증상을 호소한다.

1번 Hs 척도를 이해하기 위해서는 건강염려증과 일반적인 신체화 증상에 대한 기본지식이 필요하다. 건강염려증은 DSM-5로 개편된 후에는 '질병불안장애(illness anxiety disorder)'로 이름이 바뀌었다.

또한 기존의 신체화장애는 '신체증상장애(somatic symptom disorder)'로 변경되었다.

다음의 DSM-5 진단 기준에 대해 살펴보자.

질병불안장애

A. 심각한 질병을 지녔다는 생각에 과도하게 몰두하고 집착한다.
B. 신체적 증상이 존재하지 않거나 존재하더라도 그 강도가 경미해야 한다.
C. 건강에 대한 불안 수준이 높으며 개인적 건강상태에 대한 사소한 정보에도 쉽게 놀란다.
D. 건강과 관련한 과도한 행동(반복적인 건강검사)이나 부적응적인 회피행동(의사와의 면담 약속을 회피함)을 한다.

신체증상장애

A. 한 가지 이상의 신체증상이 고통을 유발하거나 일상생활에서 유의미한 지장을 초래한다.
B. 신체증상 혹은 건강염려와 관련한 과도한 사고, 감정 또는 행동이 다음 중 1가지 이상 존재한다.
   1. 자신의 증상의 심각성에 대한 부적합하고 지속적인 생각
   2. 건강이나 증상에 대한 지속적인 높은 수준의 불안
   3. 이와 같은 증상이나 건강염려에 대한 과도한 시간과 에너지를 소모함
C. 어느 하나의 신체증상이 계속적으로 나타나지 않더라도 증상이 있는 상태가 지속된다(보통 6개월 이상).

위의 내용을 통해 알 수 있듯이 이 척도가 재는 주요한 특징은 '건강에 대한 과도한 집착, 불안, 두려움과 신체증상에 대한 호소'다.

1번 Hs 점수가 높은 사람들은 의학적으로 별다른 근거가 없는데도 다양한 신체증상을 호소한다.

이들이 호소하는 신체증상은 만성적인 피로, 두통, 소화불량, 위경련, 근육관련통증과 같은 일상적인 증상에서부터 망상에 가까운 극심하고 기이한 증상까지 다양하다.

만약 1번 점수가 임상수준으로 높고 8번(Sc)이 동반 상승되었다면, 수검자는 신체와 관련된 다양한 환각과 망상을 경험할 가능성이 높다. 이 점수가 높은 사람들의 또 다른 특징은 신체증상을 통해 이익을 도모하고 타인을 조종하려고 한다는 점이다.

정신분석에서는 신체화 증상의 원인 중 하나로 '이차적 이득(secondary gain)'을 꼽는다. 신체증상이라는 일차적 현상을 통해 책임을 회피하고, 타인의 관심·애정·보살핌 등 원하는 것을 이차적으로 얻는다는 의미의 '이차적 이득'은 흔히 무의식적으로 일어난다.

1번 척도가 높은 사람들은 자주 이차적 이득을 사용하지만 자신의 내면에 대한 통찰력이 낮다. 그들은 자기중심적으로 요구하고 까다롭게 굴면서도 신체증상을 이용해 타인에게 돌봄을 받고자 의존한다.

1번 척도와 3번(Hy) 척도는 자주 함께 상승하는데, 이때 수검자는 자기 문제를 부인(denial) 또는 억압(repress)해 심리적 문제를 신체증상으로 전환한다. 1번과 3번 두 척도 다 높을 경우 전환장애(conversion disorder)나 다른 신경증적 장애를 의심해볼 필요가 있다.

1번(Hs)이 높은 사람들의 특징

1번(Hs)이 매우 높은 사람들의 특징 (T-75 이상)

- 건강에 대해 과도하게 집착하고 몰두한다.
- 자신의 신체에 대한 왜곡된 지각, 환각, 망상이 있을 수 있다(8번 동반 상승 가능성).

1번(Hs)이 높은 사람들의 특징 (T-65 이상)

- 사소한 신체증상에도 자주 불안해하고 두려워한다.
- 의학적 근거가 없는데도 만성적인 신체증상(만성피로, 두통, 소화불량, 위경련, 근육관련통증, 불면증)을 호소한다.
- 불안과 두려움을 자주 느끼지만 언어로 표현하지 않고 신체증상으로 표현한다.
- 신체증상을 통해 타인에게 자신의 권리를 요구하고 책임과 의무를 회피하려고 한다.
- 자신의 심리적 문제, 감정, 욕구 등 내면에 대한 통찰력이 낮다.
- 자기중심적이고 이기적이다.
- 책임을 타인에게 전가한다.
- 다른 사람들에게 자주 요구하지만 좀처럼 만족해하지 않는다.
- 다른 사람의 업적을 자주 비판한다.
- 대인관계에서 의존하고자 하지만 의존의 욕구를 직접 표현하지 않는다.
- 상담에서도 신체증상을 호소하기 때문에 치료에 대한 예후가 좋지 않다.

1번(Hs)이 약간 높은 사람들의 특징 (T-55 이상)

• 늘 피로하고 힘이 없어 보인다.

• 환경의 변화, 스트레스에 민감하다.

• 의사소통이 모호하고 간접적이다.

• 억압, 부인의 방어기제를 사용한다(3번 동반 상승의 경우 경향이 더욱 큼).

• 적개심, 분노를 우회적으로 표현한다.

• 불평과 불만이 많다.

• 미래에 대해 비관적, 패배주의적인 태도를 보인다.

자주 내려지는 진단

• 우울장애, 신체증상장애, 전환장애, 불안장애.

2번 D 우울증 척도
(Depression)

2번 척도가 높은 사람들은 불행하고 울적하며 축 처지고 가라앉은 느낌을 자주 느낀다. 이들은 임상장면에서 슬픔, 부적절감, 희망이 없는 것 같은 느낌 등 주관적인 우울감을 호소한다.

2번(D) 척도는 기본적으로 수검자가 경험하고 있는 우울한 정서와 관련된 증상을 측정한다. 이 척도에 해당하는 임상 소척도(Harris-Lingoes)를 살펴보면 2번 척도가 무엇을 재는지 알 수 있다.

- D1 주관적 우울감: 불행하고 우울한 느낌, 열등감, 자기비하, 심리적 무력감, 무망감, 낮은 자존감, 긴장도가 높음, 비판에 예민함, 잦은 울음, 사회적 불편감
- D2 정신운동 지체: 무기력, 에너지 저하, 사회적 철수와 회피, 일상적인 공격과 분노 반응 없음
- D3 신체적 기능장애: 식욕 부진, 만성 피로, 허약, 과도한 체중변화, 구토

및 경련 등 신체적 증상 경험

- D4 둔감성: 기억력 저하, 주의집중의 어려움, 무감동, 무망감, 주도성 저하, 판단과 대처의 오류, 우유부단
- D5 깊은 근심: 깊은 근심으로 잦은 울음, 불행감, 비관적, 비판에 예민함, 초조함, 낮은 통제감

소척도에서 나타나듯이 2번 척도가 높은 사람들은 불행하고 울적하며 축 처지고 가라앉은 느낌을 자주 느낀다. 이들은 임상 장면에서 슬픔, 부적절감, 희망이 없는 것 같은 느낌 등 주관적인 우울감을 호소한다.

또한 자신의 삶이나 모습을 불만족스러워하며 가치 없이 여기고 열등감을 자주 느낀다. 만약 2번과 7번이 함께 상승한다면 이들은 사소한 일에도 긴장하고 염려해 초조한 정서를 경험하기 쉽다. 2번 척도가 성격의 주요한 요소로 상승할 경우 수검자는 '내사'를 하는 경향이 높기 때문에 사소한 일에도 자신을 탓하며 죄책감을 느끼는 경향이 있다.

이런 이유로 임상가들은 2번 척도가 경미하게 상승(T 55~65)할 경우 수검자가 고통을 인식하고 내면을 신중하게 성찰하는 능력이 있어 치료에 긍정적인 지표가 될 수 있다고도 해석한다.

반면 2번 척도가 임상 기준점 이상으로 높게 상승(T65 이상)했을 경우 우울과 관련된 임상 진단(우울장애, 양극성 장애, 기분부전장

애 등)을 고려하고, 추가로 자살사고의 가능성을 살펴봐야 한다.

2번 척도의 상승은 우울 정서의 호소뿐 아니라 행동, 인지의 어려움도 시사한다. 특히 D2나 D3의 소척도가 상승했을 경우 수검자는 무기력하고 생동감 없이 사회적으로 철수된 모습을 보일 수 있다. 이들은 주의 집중의 어려움, 기억력과 판단력의 둔화로 일상생활에 효율적으로 대처하는 데 어려움을 겪을 수 있다.

특히 우울증상이 만성화된 사람들, 노인과 청소년들이 우울과 관련해 치료에 올 경우, 우울한 정서보다는 행동과 인지의 어려움을 호소하는 경향이 있다.

만성피로, 동기저하, 멍한 느낌, 감각이나 정서의 둔감함, 수면의 질 저하, 식욕과 성욕의 변화, 정서조절과 대인관계의 어려움, 현실도피 등은 이 척도의 상승이 나타내는 특징들이다.

2번(D)이 높은 사람들의 특징

2번(D)이 매우 높은 사람들의 특징 (T-75 이상)

- 우울증 관련 증상을 나타낸다.
- 자해 또는 지나친 자기비하, 자살사고, 자살시도 가능성이 있다.

2번(D)이 높은 사람들의 특징 (T-65 이상)

- 울적하고 슬프고 축 가라앉은 기분을 자주 느낀다.
- 자기 삶이 불행하고 실패했다고 느낀다.
- 상황과 미래에 대해 비관적으로 생각한다.
- 즐거운 자극에 대해 무감하다.
- 잘 운다.
- 자신감이 부족해 위축되어 있다.
- 자신을 쓸모없다고 여기고 부적절감을 자주 느낀다.
- 자책하고 죄책감을 자주 느낀다.
- 걱정이 많고 초조, 긴장, 불안해한다.
- 억울함과 자기연민을 많이 느끼고 이에 대해 불평을 한다.
- 매사 힘이 없어 활력이 부족하고 동작이 느리며 무기력하다.
- 어떤 일을 시작하거나 끝맺는 데 어려움을 느낀다.
- 성취동기가 낮다.
- 복잡하거나 어려운 일은 쉽게 포기한다.
- 멍하게 있을 때가 많다.
- 의사결정을 하지 못하고 우유부단하다.
- 집중이 잘 되지 않고 멍하게 있는 경우가 많다.
- 만성피로, 불면증, 식욕·성욕감퇴, 허약 등의 신체증상을 경험한다.
- 제한된 활동에만 흥미를 보인다.

2번(D)이 약간 높은 사람들의 특징 (T-55 이상)

- 주변의 말이나 사소한 평가에 쉽게 상처를 받는다.
- 사람들과 심리적 거리를 두며 지내려 한다.
- 주변 사람들과의 접촉을 회피하고 단절한다.
- 소극적이고 수동적으로 자신의 의사를 직접 표현하지 않는다.
- 사고가 관습적이다.

자주 내려지는 진단

- 우울장애, 양극성장애, 기분부전장애 등

> **소척도의 유용성**
>
> 소척도를 살펴보면 모척도(해당 임상척도)가 무엇을 재고 있는지 그 내용을 파악할 수 있다. 또한 어떤 요인으로 임상척도가 상승했는지를 파악할 수 있다. 소척도는 개별적으로는 의미를 두지 않고 임상척도를 보충해주는 정도로만 해석한다. 모척도가 T-65점 이상일 경우에만 소척도의 상승도 의미가 있다.

3번 Hy 히스테리 척도
(Hysteria)

3번 척도가 높게 나오는 사람들이 사용하는 방어기제는 억압(repress)과 부인(denial)이다. 부정적 감정을 통제하고 타인을 의식하는 데 에너지를 쓰느라 쉽게 지치고 피로함을 겪는다.

'히스테리아'는 본래 의학적 이상이 없음에도 불구하고 신체증상으로 전환되는 신경증을 나타내는 정신분석 용어다. 이 척도는 신체화 경향을 나타내는 1번 척도(Hs)와 높은 연관성을 가진다.

차이가 있다면 3번 척도(Hy)는 단순 신체증상보다는 자신을 긍정적으로 보이기 위해 지나치게 방어하는 데서 오는 심인성 증상에 초점을 맞춘다는 점이다. 소척도를 통해 3번 척도를 자세히 살펴보자.

- Hy1 사회적 불안의 부인: 사회적 외향성, 불안·두려움의 영향을 받지 않음
- Hy2 애정 욕구: 애정과 인정에 대한 강한 욕구, 타인에 대한 회의나 부정적 감정을 부인함
- Hy3 권태-무기력: 모호한 신체증상과 허약함 호소, 쉽게 피로해짐, 집중의 어려움
- Hy4 신체증상 호소: 다양한 신체증상 호소(두통, 복통, 통증, 현기증, 심장통증, 떨림 등)
- Hy5 공격성의 억제: 타인에 대한 적대감을 부인, 공격성·분노의 충동을 부인, 타인의 반응에 민감함

3번 척도가 측정하는 내용을 2가지로 나누면 다음과 같다.

- 신경증적인 신체증상을 자주 호소함(Hy3, Hy4의 상승)
- 심리적 문제, 부정적 감정을 부정하면서 타인에게 좋게 보이고자 하는 경향(Hy1, Hy2, Hy5의 상승)

3번 척도가 높게 나오는 사람들이 사용하는 방어기제는 억압(repress)과 부인(denial)이다. 이들은 자신이 경험하고 있는 불안, 두려움, 공격성의 부정적 감정을 지나치게 통제해 왔기 때문에 신경증적 신체증상을 자주 겪는다.

다시 말해 자신을 통제하고 타인을 의식하는 데 에너지를 쓰

느라 쉽게 지치고 피로함을 겪는다.

이렇게 함으로써 이들은 타인에게 좋은 인상을 남기고 관심과 애정을 받으려는 경향이 있다. 이들은 뚜렷한 이유 없이 타인 역시 자신처럼 낙관적이고 긍정적일 것이라 믿으며 타인의 단점을 보는 것을 거부한다.

이 척도가 경미하게 상승되었을 경우 수검자는 사교적이고 낙관적인 장점을 가질 수 있다. 하지만 T-65 이상으로 높다면 자기 문제를 객관적으로 성찰하는 면이 매우 미숙하다고 할 수 있다.

또한 회피하는 특성이 있기 때문에 신체증상을 호소하거나 은근한 비난으로 남의 탓으로 돌리는 일이 흔하다. 대인관계에서는 의존적이면서도 자기중심적으로 요구하는 어린아이와 같은 미숙한 면을 보인다.

임상척도 중 3번 척도가 가장 높게 나왔다면 앞서 설명한 것처럼 소척도를 통해 신체증상호소가 우선인지(Hy3, Hy4 상승), 문제부정과 관심추구(Hy1, Hy2, Hy5 상승)가 우선인지를 확인한 후 해석하는 것이 바람직하다.

3번(Hy)이 높은 사람들의 특징

3번(Hy)이 매우 높은 사람들의 특징 (T-75 이상)

- 전환장애증상을 나타낸다.

• 뚜렷한 근거가 없는 만성 통증을 호소한다.

• 신체증상을 통해 자주 책임을 회피한다.

• 이기적이고 자기중심적이다.

3번(Hy)이 높은 사람들의 특징 (T-65 이상)

• 심리적 문제에 대한 인식과 자기 성찰이 미숙하다

• 타인의 관심, 애정, 인정을 추구한다.

• 관심 끄는 말투, 화려한 옷차림 등 주목과 시선을 끄는 행동을 자주 한다.

• 자신을 돌봐주는 사람에게 의존적인 관계를 맺는다.

• 타인에게 정서적 돌봄을 요구한다.

• 요구가 받아들여지지 않으면 자주 뾰루퉁해하고 짜증을 낸다.

• 표현이 유창하지만 내용이 모호하다.

• 피상적인 대인관계를 맺는다.

• *피암시성이 높다

• 변덕스럽고 충동적이다.

• 성적으로 유혹하고 도발적인 행동을 한다.

• 자기중심적이고 일방적이다.

• 잘 잊고 주의가 산만하다.

• 결과의 책임을 타인에게 미룬다.

• 불안, 두려움, 분노 등의 부정적 감정을 직접 표현하지 않는다.

• 도움을 구하지만 심리 내면에 대한 성찰이 부족해 치료의 속도가 늦다.

* 피암시성: 외부의 암시적인 자극을 쉽게 내사하는 경향을 말한다. 피암시성이 높은 내담자들은 최면이나 심상을 활용한 치료에 쉽게 반응한다. 기억의 왜곡, 집단사고, 허위 증언과 같은 현상들이 피암시성과 관련이 있다.

3번(Hy)이 약간 높은 사람들의 특징 (T-55 이상)

- 낙관적이며 생기발랄해 보인다.
- 사교적이고 상냥한 인상을 주지만 피상적이다.
- 대인관계에서 의존적이다.
- 관심의 폭이 넓고 얕다.
- 세부사항을 잘 잊고 부주의하다.
- 부인과 억압의 방어를 사용한다.
- 갈등 상황을 회피한다.
- 타인에 대한 의심, 적개심, 공격성을 직접적으로 드러내지 않는다.
- 사소한 비난, 비판, 스트레스에 예민하게 반응한다.

자주 내려지는 진단

- 전환장애, 신체증상장애, 연극성 성격장애, 경계선 성격장애, 우울장애,

4번 Pd 반사회성 척도
(Psychopathic Deviate)

4번 척도는 반사회적인 특징, 즉 규범에 어긋나는 외현화 문제 행동을 일으키는 경향을 측정한다. 이 척도가 임상수준 이상으로 높게 상승하는 사람들은 대인관계에서 지속적인 갈등을 일으킨다.

4번 척도는 반사회적인 특징, 즉 규범에 어긋나는 외현화 문제 행동을 일으키는 경향을 측정한다. 이 척도가 임상수준 이상으로 높게 상승하는 사람들은 대인관계에서 지속적인 갈등을 일으킨다. 특히 학교나 직장처럼 규칙이 강조되는 분위기에서 규칙을 무시하고 권위자와 마찰을 일으키므로 사회생활에 자주 부적응을 경험한다.

원어가 의미하는 '정신병질(psychopath)'은 '사이코패스'라고 알려진 반사회성 성격경향을 뜻한다. 공감능력의 부족, 낮은 만족 지연능력, 충동성, 분노조절 미숙, 쉽게 분개하고 대인관계 마찰이 잦은 특징은 대표적인 반사회성 특징이다.

그렇다고 4번 척도가 상승된 모든 수검자가 동일한 모양으로 공격적이고 외현화 문제를 일으킨다고 해석하면 안 된다. 수련생들이 이런 실수를 저지르기 쉬운데 다른 임상척도도 마찬가지지만, 특히 4번 척도의 경우 동반 상승되는 프로파일과 소척도들을 잘 살펴봐야 한다. 만약 4번과 함께 3번 척도가 높으면 수검자는 자주 분노와 적개심을 느낄지라도 수동공격이나 통제하고 조종하는 방식으로 분노를 표출할 것이다.

여성 수검자인 경우 4번 척도가 상승되어 있고, 5번 척도가 낮을 경우 역시 수동 공격적인 태도를 보일 수 있다.

만약 4번과 7번이 함께 높으면 7번 척도가 가지고 있는 불안하고 자책하는 특징이 4번의 공격성을 지연시킬 수 있기 때문에 이들은 주기적으로 참다가 폭발하기를 반복하고 자신을 비난하고 술이나 약물에 의존하는 경향이 높다.

반면 4번과 9번이 함께 상승한 경우 외현화된 문제행동(acting out)이 성격의 현저한 특성으로 나타난다. 9번 척도가 지니는 높은 활동성과 감각적 쾌락을 추구하는 영향으로 법, 성, 가정, 직장 등 여러 영역에서 문제를 자주 일으키지만 이들은 자신의 책임을 인식하지 못하고 합리화(rationalization)하는 경향이 있다.

4번 척도가 약간 높은 수준으로 상승했을 때는 수검자가 자기를 주장할 수 있는 능력이 있다고 해석하기도 한다. 이 역시 다른 척도와의 관계를 통해 확인할 필요가 있다.

4번의 소척도는 다음과 같다.

- Pd1 가정불화: 가족으로부터 정서적 지지(사랑, 이해, 공감)를 받지 못했다고 생각함, 가족에 대한 불만족, 가족이 자유와 독립을 허용하지 않았다고 생각함
- Pd2 권위불화: 권위자(사회, 부모)의 규범에 적대감을 느낌, 학교·법적 문제가 있었던 경험, 타인의 가치에 영향을 받지 않음, 옳고 그름에 대한 단호한 의견, 자기의견을 주장함
- Pd3 사회적 침착성: 사회 상황에서 편안해함(적은 문항수로 상승 이유를 고려할 때 제외됨)
- Pd4 사회적 소외: 소외감, 사람들이 자신을 이해하지 못하고 사랑하지 않는다고 느낌, 다른 사람들이 문제의 소지를 일으키며 자신에게 부당한 대우를 한다고 여김
- Pd5 내적 소외: 불행감, 마음이 불편함, 집중의 어려움, 자신이 한 일에 대한 자책감과 후회, 일상생활의 즐거움 저하

4번(Pd)이 높은 사람들의 특징

4번(Pd)이 매우 높은 사람들의 특징 (T-75 이상)

- 사회적, 법적, 가정 문제를 자주 일으킨다(예: 거짓말, 절도, 사기, 부적절한 성 문제, 학교폭력, 가정폭력, 중독 등).

- 쉽게 흥분하고 공격적으로 행동한다.
- 자신의 이익을 위해 다른 사람을 이용한다.
- 규칙, 규범, 권위자의 말을 따르지 않는다.
- 자신의 잘못에 대한 죄책감을 느끼지 않지만 책임을 벗어나기 위해 감정을 가장할 수 있다.

4번(Pd)이 높은 사람들의 특징 (T-65 이상)

- 충동적이다.
- 쉽게 분개하고 분노, 적대한다.
- 대인관계 갈등이 잦아 관계를 오래 지속하기 어렵다.
- 계획된 일정, 목표를 기다리지 못하고 먼저 행동한다.
- 과제, 업무를 통한 성취도가 낮다.
- 정해진 규칙을 무시하고 권위자에게 반항한다.
- 쉽게 지루해하고 높은 감각 자극을 추구한다.
- 문제의 책임을 다른 사람에게 전가한다.
- 다른 사람들이 자신에게 부당하게 대했다고 억울해하며 분개한다.
- 자기중심적이고 이기적이고 미성숙하다.
- 다른 사람의 고통, 입장, 욕구에 냉담하다.
- 착취적이고 피상적인 대인관계를 맺는다.
- 자신의 업적을 과시하고 거만하게 행동한다.
- 냉소적으로 비아냥거린다.

- 사소한 지적이나 평가에 쉽게 분개한다.
- 공허함, 소외감을 자주 느낀다.
- 자주 불행하다고 느낀다.
- 합리화, 주지화, 행동화의 방어기제를 사용한다.

4번(Pd)이 약간 높은 사람들의 특징 (T-55 이상)

- 외향적이고 활기차며 모험심이 강해 보인다.
- 말이 많고 자신의 주장을 많이 한다.
- 독립적이고 자신감 있게 행동한다.
- 관심의 폭이 넓다.
- 비관습적이다.

자주 내려지는 진단

- 품행장애, 적대적 반항장애, 반사회성 성격장애, 자기애적 성격장애, 편집성 성격장애, 물질관련 및 중독장애, 우울장애, 파괴적 충동조절장애

5번 Mf 남성성-여성성 척도
(Masculinity-Feminity)

5번(Mf) 점수가 낮을수록 남성과 여성 모두 사회적으로 그리고 전통적으로 통용되는 '남성성'과 '여성성'의 성격특성과 가깝다고 할 수 있다.

5번 Mf 척도는 수검자의 성별에 따라 다르게 해석된다. 원래 이 척도는 남성의 동성애 경향성을 측정하기 위해 만들어졌지만, 여러 연구를 통해 성적 지향성과 본 척도의 상관이 높지 않다는 사실이 입증되었다.

다른 임상척도와는 달리 5번 척도는 점수가 높다고 해서 특정 진단을 예측하지 않는다. 이 척도의 고유한 특징을 아래처럼 정리할 수 있다.

- 남성, 여성을 구분해서 해석한다.
- 높은 점수가 특정 병리를 나타내지 않는다.

• 낮은 점수도 해석한다.

• 투 코드, 쓰리 코드에서 제외된다.

5번(Mf) 점수가 낮을수록 남성과 여성 모두 사회적으로 그리고 전통적으로 통용되는 '남성성'과 '여성성'의 성격특성과 가깝다고 할 수 있다. 반대로 이 척도가 높다면 전형적인 남성성과 여성성의 모습과 거리가 멀다고 해석한다.

이 척도의 상승이 병리적 진단을 의미하지는 않지만 매우 높은 점수를 받았다면 해당 수검자는 자신의 성역할에 불편함을 느낄 가능성이 있다. 5번 척도는 수검자의 교육수준의 영향을 많이 받는다.

고학력 남성의 프로파일에서 경미하게 상승된 Mf점수가 흔하게 나타나는데, 이들은 성역할이 유연하며 광범위한 분야에 흥미를 가지며 심미적인 특징이 있다. 반면 고학력 여성이 약간 낮은 점수를 받았을 때는 성역할이 유연하며 양성적인 흥미와 역할을 고르게 나타낸다고 해석할 수 있다.

5번(Mf)이 높은 사람들의 특징

5번(Mf)이 높은 남성들의 특징 (T-65 이상)

• 전통적으로 남성적이라 여겨지는 일에 흥미가 부족하다

- 전통적 남성성에 불편함, 부적절함을 느낄 수 있다.
- 성 정체감에 갈등을 느낄 수 있다.
- 성 역할이 유연하다.
- 문학, 예술, 미술 감상 등 심미적인 것을 추구하는 경향이 있다.
- 의사표현이 부드럽고 정서적이며 간접적인 경향이 있다.
- 대인관계에서 의존적이다.

5번(Mf)이 낮은 남성들의 특징 (T-45 이하)

- 전통적으로 남성적이라 여겨지는 일에 흥미가 강하다
- 남성성(마초, 힘, 권력)을 과시한다.
- 의사표현이 공격적이고 직접적인 편이다.
- 남성, 여성의 역할에 대한 고정적인 인식을 가지고 있다.

5번(Mf)이 높은 여성들의 특징 (T-65 이상)

- 전통적인 여성의 역할을 거부하고 불편함을 느낄 수 있다.
- 성 정체감에 갈등을 느낄 수 있다.
- 전통적으로 남성적으로 인식되는 분야(스포츠, 기계, 수리 등)에 흥미가 있다.
- 일, 성취를 중요시하며 경쟁적이다.
- 의사표현이 직접적이고 자기주장이 강하다.
- 대인관계에서 독립적, 능동적이다.

5번(Mf)이 낮은 여성들의 특징 (T-45 이하)

- 전통적으로 여성적이라 여겨지는 일에 흥미가 강하다.
- 여성적 역할(아내, 엄마)에 만족하고 동일시한다.
- 타인의 의견을 따르는 편으로 수동적, 의존적이다.
- 의사표현이 간접적이고 우회적이다.

6번 Pa 편집증 척도
(Paranoia)

6번 척도가 높은 사람들은 기본적으로 세상과 타인에 대한 불신과 분노, 원망이 많다. 이들은 자신을 대하는 다른 사람의 시선, 말투, 사소한 태도도 놓치지 않고 주시한다.

6번 척도는 정당한 이유 없이 타인을 의심하고 경계하는 편집증적인 증상을 측정하기 위해 만들어졌다. 이 점수가 매우 높을 경우 수검자는 피해망상(delusion of persecution), 과대망상(delusion of grandiose), 조종망상(delusion of being controlled), 관계사고(ideas of reference)를 보일 가능성이 크다.

단일 척도 하나만으로 조현증이나 편집관련 장애(편집성 성격장애 등)를 진단할 수는 없지만, 이 척도가 지나치게 상승되었을 경우(또는 8번이나 9번이 동반 상승되었을 경우)에는 위의 진단들을 염두에 두는 것이 좋다.

이 척도가 높은 사람들은 기본적으로 세상과 타인에 대한 불신과 분노, 원망이 많다. 이들은 자신을 대하는 다른 사람의 시선, 말투, 사소한 태도도 놓치지 않고 주시한다.

이에 예민하게 반응하기 때문에 주변 사람들과 다툼이 잦다. 이들은 다른 사람들이 자신을 불합리하게 대한다고 믿기 때문에 자기 입장과 이익을 지나치게 주장한다. 그러므로 이 척도가 높은 사람들은 대인관계에서 갈등을 자주 일으킨다. 6번 척도가 경미하게만 상승했다면 수검자는 조심성이 많고 세심한 관찰자 같은 면이 있다. 소척도가 의미하는 바는 다음과 같다.

- Pa1 피해의식: 세상과 타인을 불신, 세상은 위험하다는 믿음, 타인으로부터 오해·피해·지배를 받았다고 느낌, 원인을 남 탓으로 돌림
- Pa2 예민성: 예민함, 신경질적임, 외로움, 오해를 받았다는 느낌, 기분 전환을 위해 위험한 자극을 추구함
- Pa3 순진성: 타인에 대한 낙관적 태도, 높은 도덕적 기준, 타인이 도덕적일 것이라는 믿음

6번(Pa)이 높은 사람들의 특징

6번(Pa)이 매우 높은 사람들의 특징 (T-75 이상)

- 피해망상, 과대망상, 관계사고, 혼란된 사고 등 편집관련 정신증적 증상을 나타낸다.

6번(Pa)이 높은 사람들의 특징 (T-65 이상)

- 사소한 일에 쉽게 분개하고 화를 낸다,
- 적대적이고 공격적이다.
- 의심이 많다.
- 다른 사람의 동기를 살피고 경계한다.
- 억울함을 자주 호소한다.
- 자신만 부당한 대우, 피해, 오해를 받았다고 믿는다.
- 논쟁적이다.
- 사소한 비평에도 지나치게 예민하게 반응한다.
- 속마음을 쉽게 개방하지 않고 방어적으로 행동한다.
- 문제의 원인을 타인에게 돌린다.
- 자신의 잘못과 책임을 인정하지 않는다.
- 투사, 합리화의 방어기제를 사용한다.
- 사소한 트집과 비판을 많이 한다.
- 정서적으로 불안정하다.
- 원한을 오래 품는다.
- 사고와 태도가 경직되어 있다.
- 치료 동맹을 맺기가 어렵다.

6번(Pa)이 약간 높은 사람들의 특징 (T-55 이상)

- 의심이 많다.
- 타인의 시선, 평가, 비평에 민감하다.
- 조심스럽다.
- 냉소적이다.
- 화를 잘 낸다.

자주 내려지는 진단

- 조현증, 망상장애, 편집성 성격장애, 기타 정신증적 장애

7번 Pt 강박증 척도
(Psychasthenia)

7번 점수가 높은 사람들은 불안, 긴장, 초조한 정서로 가득 차 있기 때문에 불안정하고 예민하며 경직되어 있다. 이들은 자신과 남을 판단하는 기준에서도 경직되어 있다.

7번(Pt)은 2번(D)과 함께 수검자가 느끼는 심리적 고통을 잘 나타내는 지표로 여겨진다. 10개의 임상척도 중 유일하게 7번 척도만 영문 원 이름과 한글 이름이 다르다. 원어인 psychasthenia는 과거에는 '신경쇄약(또는 정신쇄약)'이라 불리던 증상으로, 매사 불안하고 초조하며 두려움과 걱정이 많아 괴로운 상태를 말한다.

MMPI는 이제는 사용하지 않는 진단명(psychasthenia)을 유지하고 있는데, 이 증상이 현대의 '강박신경증'과 가장 유사하기 때문에 7번의 우리말 이름이 '강박증' 척도가 되었다.

6, 8, 9번이 수검자의 정신증적인 증상을 나타내준다면 1, 3, 7번은 수검자의 신경증적인 증상과 관련이 높다.

7번 점수가 높은 사람들은 불안, 긴장, 초조한 정서로 가득 차 있기 때문에 불안정하고 예민하며 경직되어 있다. 이들은 여유가 없고 자신과 남을 판단하는 기준에서도 경직되어 있다.

자신과 타인에게 높은 기준을 부여하고 기준에 도달하지 못할까, 실수를 하지는 않을까 걱정하는 완벽주의자의 모습을 보인다. 사소한 실수에도 스스로를 비난하고 죄책감을 느껴 자신에 대해 부정적인 생각을 자주 한다. 7번 점수가 약간만 상승되어 있고 프로파일에 별다른 특이사항이 없다면 수검자는 꼼꼼하고 신중하게 자신을 숙고하는 자원이 있는 것으로 해석할 수 있다. 반면 이 점수가 매우 높다면 수검자는 상당한 수준의 불안 속에서 벼랑 끝에 서 있는 듯 살고 있다는 뜻이다.

7번 척도가 높은 모든 수검자가 강박적 사고, 강박 행동, 공황 증상이 있다고 해석할 수는 없다. 그러나 7번 단일 점수가 높다면 해석 단계에서 수검자에게 반복적이고 침투적으로 떠오르는 생각들이 있는지, 이를 보상하기 위해 의식화된 행동이 있는지, 특정 장소나 대상·상황에 대한 공포가 있는지, 공황발작 증상을 경험하고 있는지 등을 확인하는 것이 좋다.

만일 이 척도가 6번이나 8번과 동반상승했다면 수검자는 6번과 8번이 나타내는 정신증적인 증상(망상, 환각, 혼란스러운 사고, 대인관계 의심 등)으로 인해 두렵고 혼란스러워 도움이 필요한 상황으로 볼 수 있다.

7번(Pt)이 높은 사람들의 특징

7번(Pt)이 매우 높은 사람들의 특징 (T-75 이상)

- 상당한 수준의 심리적 고통과 불행감 속에서 살아간다.
- 일상에서 늘 불안, 긴장, 초조, 두려움을 경험한다.
- 미칠 것 같은 두려움을 경험한다.
- 강박적 사고, 강박적 행동(의식화된 행동), 공황(panic)의 가능성이 높다.

7번(Pt)이 높은 사람들의 특징 (T-65 이상)

- 사소한 걱정과 두려움이 많다.
- 긴장으로 경직되어 있다.
- 불안, 초조함으로 안절부절 못해하고 관련 신체증상을 자주 경험한다(손 떨림, 심장박동의 증가, 구토, 빈뇨, 소화불량, 불면, 과민성 대장 등).
- 의사결정이 느리고 우유부단하다.
- 주의 집중이 어렵다.
- 쉽게 지치고 피곤해한다.
- 좌절, 스트레스에 쉽게 압도되기 때문에 취약하다.
- 예민하다.
- 스스로와 타인에게 엄격하고 높은 기준을 부여한다(완벽주의 성향).
- 우울하고 불행한 느낌을 자주 경험한다.
- 융통성이 부족하다.
- 자책과 죄책감을 많이 느낀다.

- 자신에 대해 부정적인 생각과 비난을 많이 한다.
- 자신에 대한 확신이 부족하다.
- 사람, 미래에 대해 비관적인 편이다.
- 의존적인 대인관계를 맺는다.
- 자신을 좀처럼 개방하지 않는다.
- 타인의 의견과 평가에 대해 걱정이 많다.
- 주지화, 합리화, 반동형성의 방어기제를 사용한다.

7번(Pt)이 약간 높은 사람들의 특징 (T-55 이상)

- 규율, 계획, 약속, 형식을 잘 지키는 편이다.
- 꼼꼼하고 신중하다.
- 자신의 심리적 문제에 대해 자주 생각하고 반추한다.
- 내향적이고 수줍음이 많다.
- 생각과 걱정이 많고 소심하다.
- 융통성이 부족하다.

자주 내려지는 진단

- 불안장애, 강박장애, 강박성 성격장애, 우울장애, 공황장애, 수면관련 장애

8번 Sc 정신분열증 척도 (Schizophrenia)

8번 척도는 크게 2가지 경향을 측정한다. '수검자가 환각과 망상과 같은 정신증적 증상을 경험하고 있는가?' '수검자가 사회적으로 철수되어 있는가?'

8번 척도는 크게 2가지 경향을 측정한다. 하나는 '수검자가 환각과 망상과 같은 정신증적 증상을 경험하고 있는가?'이다. 만약 수검자가 일상생활을 유지하지 못할 정도로 기이한 감각을 경험하고 있다면, 수검자의 사고체계가 무너지고 있다면 Sc4, Sc5, Sc6의 소척도들이 8번 척도와 함께 상승할 것이다.

현실 검증력(실제와 공상의 구분), 지남력(시간과 공간 등 자신이 처한 상황에 대한 인식), 판단력, 기억력, 사고력 등은 일상생활을 효율적으로 유지하는데 기본이 되는 사고체계다. 8번 척도가 높다면 수검자의 사고체계에 어려움이 있다는 뜻이므로 해석에 주의를 기울일 필요가 있다.

간혹 수검자가 자신의 문제를 과장해 보고하기 위해 8번 척도를 상승시키는 경우가 있다. 비자발적으로 내방한 청소년이나 특정 목적으로 검사를 받는 경우를 예로 들 수 있다. 모든 자기보고식 검사에서는 이런 문제가 발생할 수 있으므로 사전 인터뷰, 수검태도를 통해 수검자가 실제 정신증적 증상을 경험하고 있는지 판단할 필요가 있다.

8번 척도가 측정하는 또 다른 특징은 '수검자가 사회적으로 철수되어 있는가?'이다. 앞서 설명한 정신증적 증상이 조현증의 양성 증상에 속한다면, 사회적 철수는 조현증의 음성 증상에 속한다.

8번 척도의 상승이 주로 Sc1, Sc2 소척도 때문이라면 수검자는 사람들과의 접촉을 피하고 고립감과 소외감을 경험하고 있다고 할 수 있다. 이들은 남들이 자신을 해칠지도 모른다는 막연한 두려움과 불안을 느끼며 사회적 접촉을 제한한다.

이렇게 함으로써 사람들과 관심, 지지, 유대감을 나누는 기회도 제한되기 때문에 소외감이 심화된다. 이 척도에서 높은 점수를 받는 사람들은 대부분의 사람들이 상식적으로 알고 지키는 사회적 규범을 알지 못하는 경우가 많다.

이들은 자신의 감정과 생각을 적절하게 인식하고 표현하는 능력이 부족하다. 또한 갈등상황에서 공상이나 백일몽 등으로 회피하는 방식으로 문제를 해결하려고 하기 때문에 사회생활에서 자주 부적응을 경험한다.

6번 척도(Pa)와 함께 상승하는 경우 수검자는 대인관계에서 지속적으로 피해받은 느낌을 호소하며 편집적인 적대감을 표현할 수 있다. 7번과 8번이 함께 상승하는 경우 수검자는 스스로를 통제하지 못할 것 같은 불안과 초조함으로 인해 고통을 받고 있는 상태다. 따라서 자살사고 체크 및 위기개입이 필요하다.

- Sc1 사회적 소외: 다른 사람들이 자신을 학대·오해·이용하리라고 믿음, 외롭고 공허한 느낌, 가족으로부터 충분한 지지와 사랑을 받지 못했다는 느낌, 가족이나 타인에게 적대감을 품음, 사회적 상황이나 대인관계를 회피함
- Sc2 정서적 소외: 우울, 두려움, 절망감, 무감동을 자주 경험, 이따금 죽기를 바람
- Sc3 자아통합 결여-인지적: 이상한 사고, 비현실감, 집중의 어려움, 기억의 어려움, 미칠 것 같은 느낌을 경험함
- Sc4 자아통합 결여-동기적: 우울·절망감을 자주 경험, 일상생활 대처의 어려움, 과도한 걱정, 스트레스가 있을 때 공상·환상·백일몽에 빠짐, 삶은 긴장의 연속이라고 여김, 삶에 대한 흥미와 기대 상실, 이따금 죽기를 바람
- Sc5 자아통합 결여-억제부전: 자신의 감정과 충동을 통제하지 못할 것 같은 느낌, 통제력 상실에 대한 두려움을 경험함, 안절부절 못함, 과잉행동, 자신의 웃음과 울음을 통제할 수 없는 때가 있음, 자신이 무엇을 하고 있는지 모를 때가 있음, 자신이 무엇을 했는지 기억하지 못할 때가 있음

- Sc6 기태적 감각 경험: 자신의 몸이 이상하게 변하는 느낌, 특이한 감각을 경험함(피부에 대한 민감성, 귀에 울리는 소리, 차거나 뜨거운 느낌, 목소리의 변화, 근육의 수축과 마비 등), 환각, 특이한 사고(망상, 관계사고 등)를 경험함

8번(Sc)이 높은 사람들의 특징

8번(Sc)이 매우 높은 사람들의 특징 (T-75 이상)

- 환각과 망상 등 정신증적 증상을 경험하고 있다.
- 사고가 혼란스럽고 와해되어 있다.
- 현실검증력, 지남력, 판단력의 손실이 있다.
- 현실과 공상을 구분하기 어려워한다.

8번(Sc)이 높은 사람들의 특징 (T-65 이상)

- 사고, 행동이 비현실적이고 특이하다.
- 기태적인 감각을 경험한다.
- 신체적으로 이상한 증상을 호소한다.
- 스트레스 상황에서 공상이나 환상으로 회피한다.
- 현실과 환상세계를 구분하지 못한다.
- 증상으로 인한 혼란, 두려움을 경험한다.
- 자신에 대한 불만족감이 높다.
- 사회적으로 부적절감, 열등감, 소외감을 많이 경험한다.

- 일상생활에서 우울, 불안, 절망을 많이 경험한다.
- 사람들과의 접촉을 피하고 혼자 있는 경향이 있어 사회적으로 철수·고립되어 있다.
- 사람들이 자신을 이해하지 못하고 피해를 입히리라 여긴다.
- 상황에 적절한 감정을 느끼지 못하거나 감정 자체를 느끼지 못한다(무감동).
- 타인, 사회에 대한 적개심·분노가 높지만 이를 적절하게 표현하지 못한다.
- 의사소통의 효율성이 떨어진다.
- 모호하고 추상적이다.
- 새롭고 낯선 환경에 빨리 적응하기 어려워한다.
- 삶에 대한 희망, 기대가 낮다.
- 매우 제한된 영역에 관심과 열정을 보인다.
- 성에 몰두하거나 성 역할에 혼란을 경험할 가능성이 높다.
- 자살사고의 가능성이 높다.

8번(Sc)이 약간 높은 사람들의 특징 (T-55 이상)

- 생각이 독특하고 비관습적이다.
- 상상력이 있다.
- 정서적으로 불안정하다.
- 사회적으로 부적절감, 불안을 많이 느낀다
- 관심의 영역이 제한적이다.

자주 내려지는 진단

- 조현증, 망상장애, 분열형 성격장애, 분열성 성격장애, 물질남용·중독, 의학적 약물로 유발되는 기타 정신증적 증상들

9번 Ma 경조증 척도 (Hypomania)

9번 척도가 높게 나온 사람들은 과하게 활동적이다. 이 점수가 약간만 높고 다른 프로파일에 문제가 없다면 이들은 에너지 수준이 높은 열정적인 사람으로 평가받을 수 있다.

9번 척도(Ma)는 기본적으로 조증(mania) 관련 증상을 측정한다. 척도에 대한 이해를 돕기 위해 양극성 장애 조증 진단기준을 살펴보자.

9번 척도가 높게 나온 사람들은 과하게 활동적이다. 이 점수가 약간만 높고 다른 프로파일에 문제가 없다면 이들은 에너지 수준이 높은 열정적인 사람으로 평가받을 수 있다.

그러나 점수가 임상수준 이상으로 매우 높다면 수검자는 상황에 맞지 않게 과하고, 비현실·비계획적이며, 말이 많고 흥분을 잘하는 특성이 있다.

또한 이들은 상황과 자신에 대한 평가가 매우 비현실적이다.

조증 에피소드 (DSM-5)

1) 팽창된 또는 과장된 자존감
2) 수면에 대한 욕구 감소(예: 단 3시간의 수면으로도 충분하다고 느낌)
3) 평소보다 말이 많아지거나 계속 말을 하게 됨
4) 사고의 비약 또는 사고가 연달아 일어나는 주관적인 경험
5) 주의산만(예: 중요하지 않거나 관계없는 외적 자극에 너무 쉽게 주의가 이끌림)
6) 목표 지향적 활동의 증가(직장이나 학교에서의 사회적 또는 성적인 활동) 또는 정신 운동성 초조
7) 고통스런 결과를 초래할 쾌락적인 활동에 지나치게 몰두(예: 흥청망청 물건 사기, 무분별한 성행위, 어리석은 사업투자)

8번 척도에서 말하는 비현실성이 지남력과 판단력 같은 사고 능력을 나타낸다면, 9번 척도에서 말하는 비현실성은 객관적인 기준 없이 자신을 중요하게 평가하는 면을 나타낸다.

이들은 자신이 무엇이든지 할 수 있다고 믿어 새로운 일을 벌이지만 끝마치지 못하며, 위험한 일을 도모하면서도 자신의 문제와 심리적 어려움을 인식하지 못한다.

이들은 감정의 기복이 크고 쉽게 화를 내며 행동이 과하고 충동적이다. 9번 척도가 상승할 때 수검자는 통제적이고 경쟁적인 대인관계를 맺는 경향이 있다.

매뉴얼은 T 75를 기준점으로 두지만 그래함(Graham)과 같은 임상가들은 이 점수가 80 이상일 경우 수검자의 조증, 과대망상 가능성을 고려할 것을 권한다.

- Ma1 비도덕성: 사람들이 이기적이고 솔직하지 않고 기회주의적이기 때문에 자신도 그렇게 행동하는 것을 정당화함. 타인을 이용·착취하면서 만족을 얻음
- Ma2 심신운동 항진: 과한 행동(말, 생각의 흐름, 행동이 빠름), 안절부절 못함, 쉽게 긴장하고 흥분함, 쉽게 지루해함, 위험과 모험 추구, 지루함으로부터 벗어나기 위한 행동을 함
- Ma3 냉정함: 불안을 부인, 여러 사회 상황에서 냉정함·편안함·평정을 유지함, 타인의 의견·가치·태도에 관심을 두지 않음
- Ma4 자아팽창: 자신의 가치와 능력에 대한 과대한 평가를 함, 다른 사람이 자신에게 명령을 내리거나 중요하지 않게 인식할 때 분개함

9번(Ma)이 높은 사람들의 특징

9번(Ma)이 매우 높은 사람들의 특징 (T-75 이상)

- 자아가 비현실적으로 팽창되어 있다(과대망상의 가능성).
- 사고가 비현실적이고 비약이 심하다.
- 혼란을 경험하고 있다(환각의 가능성).
- 기타 조증관련 증상을 경험하고 있다.

9번(Ma)이 높은 사람들의 특징 (T-65 이상)

- 근거 없이 과장된 자신감을 보이고 자신을 중요한 사람으로 인식한다.

- 타인이 자신의 능력과 가치를 알아보지 못한다며 불평한다.
- 다른 사람의 명령이나 통제를 받으면 견디지 못하고 분노한다.
- 정서적으로 불안정하다(안절부절 못함, 초조함, 긴장, 분노가 만연함).
- 지나치게 많은 행동과 말을 한다.
- 욕구를 충족하기 위해 충동적인 행동을 한다.
- 결과를 고려하지 않고 무계획적인 행동을 한다.
- 다양한 분야에 관심이 많아 일을 벌이지만 끝을 내지 못한다.
- 다양한 사회생활에 참여하며 여러 사람들을 만난다.
- 위험한 모험과 시도를 지속한다.
- 금방 지루해하며 새롭고 강한 자극을 추구한다.
- 관계에서도 쉽게 권태를 느끼며 피상적인 관계맺음을 한다.
- 쉽게 흥분하고 감정의 폭발이 잦다.
- 좌절, 권태, 긴장을 견디는 힘이 부족해 이를 달래기 위해 성급한 행동을 한다.
- 중독의 가능성이 높다(술, 쇼핑, 인터넷, 일, 기타 약물 등).
- 사소한 실수가 잦고, 마감시간과 약속을 자주 어긴다.
- 경쟁적이고 공격적이다.
- 다른 사람의 입장과 감정을 공감하는 능력이 부족하다.
- 타인을 통제·이용·착취하려 한다.
- 자신의 문제를 인식하지 못하고 내면을 성찰하는 능력이 미숙하다.
- 행동화, 주지화, 부인의 방어기제를 사용한다.

9번(Ma)이 약간 높은 사람들의 특징 (T-55 이상)

- 에너지 수준이 높고 열정적이다.
- 쉽게 흥분하고 화를 잘 낸다.
- 감정의 기복이 심하다.
- 자신감이 있고 낙관적이다.
- 자신의 한계에 대한 성찰이 부족하다.

자주 내려지는 진단

- 양극성 장애, 우울장애, 조현증, 반사회성 성격장애, 품행장애, 파괴적 충동조절 장애, 물질관련 중독장애

0번 Si 사회적 내향성 척도
(Social Introversion)

수검자의 내향적 경향성을 측정한다. 이 척도에서 높은 점수를 받을수록 수검자는 높은 내향성을 나타내고, 반대로 낮은 점수는 상대적으로 외향적인 경향을 가졌다고 본다.

0번 사회적 내향성 척도는 특정 진단을 위해 만들어진 척도가 아니다. 5번 척도에 대한 설명에서 언급했듯이 이 척도는 성격의 경향을 측정하기 때문에 낮은 점수도 해석한다. 임상가에 따라 0번 척도는 코드해석에 포함되기도 한다.

0번 척도는 수검자의 내향적 경향성을 측정한다. 이 척도에서 높은 점수를 받을수록 수검자는 높은 내향성을 나타내고, 반대로 낮은 점수는 수검자가 상대적으로 외향적인 경향을 가졌다고 본다. 검사에서 의미하는 '사회적 내향성'을 이해하기 위해 소척도를 살펴보자.

- Si1 수줍음·자의식: 사회적 상황에서 자주 수줍음·불편함을 느낌, 쉽게 당황함, 부적절감, 낯선 상황과 사람들을 불편해함, 말수가 적음
- Si2 사회적 회피: 여럿이 있는 상황이나 활동을 불편해하고 회피함
- Si3 내적·외적 소외: 낮은 자존감의 보고, 부적절감·열등감·두려움을 느낌, 과민함, 우유부단함, 자신의 운명을 선택할 수 없을 것 같은 느낌, 낮은 성취욕

0번(Si)이 높은 사람들의 특징

0번(Si)이 매우 높은 사람들의 특징 (T-75 이상)

- 사회적으로 매우 고립, 철수되어 있다.
- 사회적 상황에서 자주 부적절감, 불편함, 당혹감, 두려움을 느낀다.
- 매우 제한된 영역 이외에는 사람들과의 접촉을 회피한다.
- 자신감이 부족하고, 사소한 실수에도 과하게 자신을 비판한다.
- 다른 사람들이 자신을 어떻게 볼 것인지에 대해 과민하다.
- 스트레스에 취약해 자주 우울, 불안을 경험한다.

0번(Si)이 높은 사람들의 특징 (T-65 이상)

- 내향적인 경향이 강하다.
- 관심의 영역이 좁다.
- 소수의 친한 사람들과 있는 상황, 활동을 선호한다.

- 순응적이다.
- 스스로 자신의 인생, 환경을 통제할 수 없다는 생각을 한다.
- 스스로 자신감이 부족하다고 생각한다.
- 소심하고 우유부단하다.
- 수줍음이 많다.
- 생각과 감정을 쉽게 오픈하지 않는다.
- 낯선 사람, 이성과의 관계에서 자주 불편함과 당혹감을 경험한다.
- 사람들이 자신을 어떻게 볼지에 대해 예민하다.
- 사소한 일에도 걱정을 많이 한다.
- 갈등, 경쟁적인 관계에서 회피하는 문제 해결을 한다.

0번(Ma)이 약간 높은 사람들의 특징 (T-55 이상)

- 내향적인 경향이 있다.
- 소수의 친한 사람들과 있는 상황, 활동을 선호한다.
- 독립적이다.
- 말수가 적다.
- 수줍음이 많다.
- 정서적으로 안정적인 편이나 거리감이 있다.
- 조심성이 많다.

0번(Si)이 낮은 사람들의 특징 (T-45 이하)

- 외향적인 경향이 있다.
- 여럿이 있는 상황, 활동을 선호한다.
- 사교적으로 다른 사람에게 친근하게 행동한다.
- 새롭고 낯선 환경에 쉽게 적응한다.
- 말이 많다.
- 성취에 대한 욕구가 많다.
- 관계 의존적으로 늘 사람들과 함께 있으려고 한다.
- 성취에 대한 욕구가 강하다.
- 적극적이고 활발한 인상을 주지만 대인관계가 피상적일 수 있다.

10개의 임상척도가 있다고 해서 10개의 해석만이 존재하지 않는다. MMPI는 임상척도들의 조합을 통해 수검자를 풍부하게 그려내는 코드타입 해석을 제공한다. 투 코드는 가장 높게 상승한 두 척도의 조합이고, 쓰리 코드는 가장 높게 상승한 세 코드의 조합이다. 코드타입 해석에서 중요한 건 '코드로 묶인 척도와 다른 척도 사이의 변별력'이다. 즉 코드로 묶이지 않은 척도는 코드척도보다 뚜렷하게 낮아야 한다. 기준은 5점 이상이다. 5점을 기억하자!

4장

임상척도 코드타입, 이보다 재미있을 수 없다

임상척도 코드타입이란 무엇인가?

MMPI 10개의 임상척도 중 가장 높게 나온 2개의 척도, 또는 3개의 척도를 묶어 해석하는 것을 코드타입 해석이라고 한다.

코드 해석의 유용성

임상척도 10가지 중 한 점수만 유의하게 상승한 경우 척도에 이름을 붙여 '단일 상승 프로파일'이라고 부른다. 예를 들어 2번 우울 척도(D)만 T 65점 이상이고 나머지는 다 낮은 점수가 나온 경우 '2번 단일 상승 프로파일'이라 부른다. 이런 경우 2번 우울 척도(D)가 나타내는 의미를 중심으로 결과를 해석하면 된다.

그러나 임상 현장에서는 점수가 복잡하게 얽혀있는 프로파일이 많이 있다. 많은 수검자들이 증상을 참다가 더 이상 혼자 해결할 수 없는 시점에 전문가를 찾아오기 때문에 검사 시점의 고통의 강도가 심하게 나타나기 때문이다.

이런 경우 대부분의 점수들이 모두 상승되어 있어(임상가들이 흔히 "띄웠다"고 표현하는) 도무지 어떤 점수부터 의미 있게 읽어야 할지 분간이 가지 않는다.

이때 코드타입 해석을 활용하면 혼란이 줄어든다. MMPI 10개의 임상척도 중 가장 높게 나온 2개의 척도, 또는 3개의 척도를 묶어 해석하는 것을 코드타입 해석이라고 한다.

어떤 척도가 함께 상승했는지에 따라 수검자의 증상과 성격의 경향을 보다 면밀히 이해할 수 있다.

동반 상승이 자주 나타나는 코드 몇 개는 알아두면 편하다. 가령 2번(D)과 7번(Pt)은 자주 함께 상승한다. 굳이 외우지 않더라도 신경증적 우울의 보편적인 특징들(부정 정서를 쉽게 느끼고 내사하는 특징)을 생각하면 두 코드의 동반 움직임이 쉽게 이해될 것이다.

1번(Hs)과 3번(Hy)의 동반 상승도 흔히 접할 수 있다. 부정 정서를 부인하고 억압하는 경향이 신체화 증상의 주요한 원인이기 때문이다.

결국 심리검사를 제대로 활용하기 위해서는 검사에 대한 지식뿐 아니라 전반적인 임상 지식까지 뒷받침될 필요가 있다.

코드 해석의 방법

임상척도 중 가장 높게 나온 2개의 척도(혹은 3개의 척도)가 모두 해석 가능한 수준(T 65 이상)으로 상승했고, 나머지 척도들과 5점 이상의 점수 차이가 난다면 코드타입 해석이 가능하다.

예를 들어 1번(Hs)=T 70, 3번(Hy)=T 69인 상황에서 세 번째로 높게 나온 척도가 T 64점(Hy=69보다 5점 이상 작은 점수)보다 작다면, 1-3 코드타입으로 해석할 수 있다. 3번이 1번보다 높으면 3-1코드라고 순서를 바꿔 부른다.

그러나 해석은 거의 같다. 코드는 가장 높게 나온 두 척도를 따라 투 코드, 가장 높게 나온 세 척도를 따라 쓰리 코드까지 해석이 가능하다. 단 코드로 뽑힌 척도끼리 점수 차이가 10점 미만이어야 한다.

임상에서 자주 나오는 투 코드

임상척도 중 가장 높게 나온 2개의 척도가 모두 해석 가능한 수준(T 65 이상)으로 상승했고, 나머지 척도들과 5점 이상의 점수차이가 난다면 코드타입 해석이 가능하다.

1-2, 2-1

이 코드타입을 보이는 사람들은 다양한 신체적 증상을 호소하며 심리적 불편함을 드러낸다. 매사 기운이 없고 피로해하며 무기력한 특징은 우울의 신체적 증상과 비슷하다.

하지만 그 외에도 두통, 소화불량, 근육통, 불면증 등의 만성적 고통을 호소한다. 고통의 기저에는 억압과 부인, 평가에 대한 긴장, 만연한 불안과 같은 심리적 문제가 있지만 이들은 자신의 내면을 성찰하는 능력이 놀랍도록 부족하다.

신체화를 일으키는 기제를 알게 되더라도 자신은 아니라고 부정하기 때문에 심리치료의 도움을 별로 받지 못한다. 예민한 편

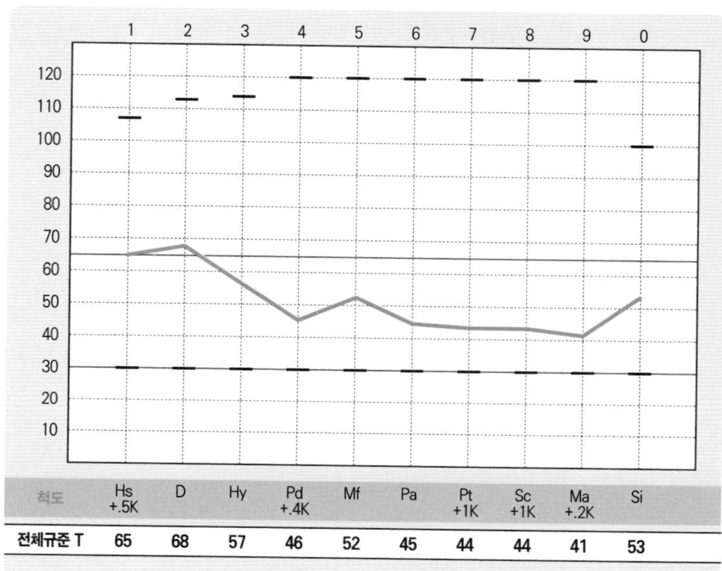

으로 스트레스를 쉽게 받지만 이를 표현하지 못하기 때문에 짜증·신경질이 잦다. 좀처럼 나서지 않고 타인에게 의존하는 특징이 있다.

- 다양한 종류의 신체적 고통을 호소한다.
- 자신의 신체적 증상, 건강상태에 대해 염려한다.
- 만성 피로와 무기력, 우울, 초조함, 긴장을 호소한다.
- 자신의 내면과 문제에 대한 인식이 결여되어 있다.
- 사소한 좌절과 스트레스에도 민감하게 반응한다.

- 억압, 부인하는 방어를 한다.
- 대인관계에서 부적절감을 자주 느끼며, 다른 사람들의 반응에 지나치게 민감하다.
- 짜증, 신경질이 잦다.
- 대인관계의 갈등이나 일상생활에서 문제가 벌어지면 회피한다.
- 신체증상을 통해 책임을 회피하고 타인을 통제하지만 심리적 기제를 알아차리지 못한다.
- 분노표현의 방식이 수동 공격적이다.
- 우유부단하고 의존적이다.
- 술, 약물 등 즉각적으로 반응이 오는 것들에 의존하기 때문에 심리치료의 예후가 좋지 않다.

1-3, 3-1

1-3코드와 1-2코드타입을 보이는 사람 모두 만성적인 신체화 증상을 호소한다는 점이 비슷하다. 그러나 1-2코드의 사람들이 신체증상으로 인한 불행감, 우울함을 주요하게 느낀다면, 1-3코드가 높은 사람들은 신체증상을 통해 '현실을 회피하고 타인을 통제'하려는 기제가 보다 뚜렷하게 나타난다.

한 연구에 따르면 사고로 인한 PTSD(외상 후 스트레스 장애) 환자의 프로파일 중 1-3코드가 가장 많다고 한다. 연구자들은 이들

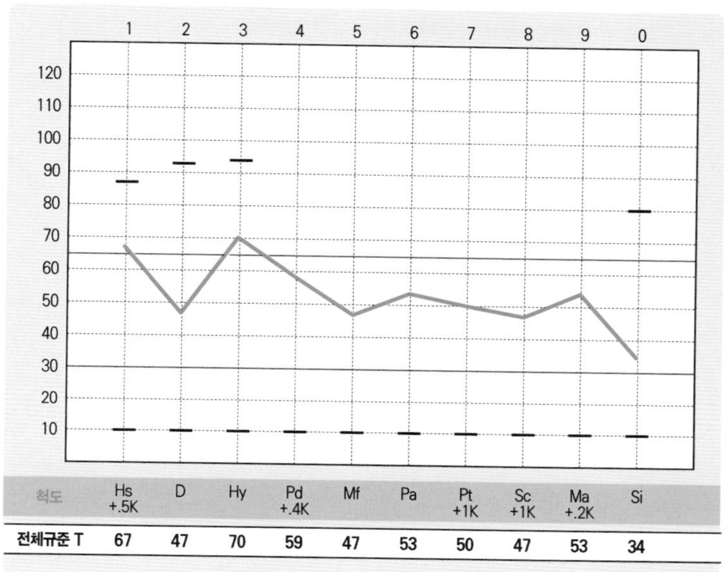

이 사고로 인한 심리적 고통과 현실을 회피하는 방략으로 신체 증상에 집착하는 경향이 있다고 해석했다(이지연, 김유숙, 최영안, 2004).

1-3코드는 상담에서 자주 볼 수 있는 프로파일로 남성보다는 여성에게 흔하다. 이들은 겉보기에는 활발해 보이나 내면은 매우 약하고 불안정하다. 이들은 타인에게 의존하면서 일방적인 돌봄과 애정을 요구하는 어린아이와 같은 미숙함을 보인다.

- 다양한 종류의 신체화 증상과 전환증상을 보인다.
- 증상의 심리적 요인을 부정하기 때문에 치료를 거부하고 병원을 쇼핑하듯 돌아다닌다.
- 이러한 신체적 증상을 통해 타인을 조종하거나 통제하려고 한다.
- 자신의 내면과 문제에 대한 인식이 결여되어 있다.
- 자신에게 만연한 심리적 불안·두려움을 알아차리지 못하거나, 알아차리더라도 부인한다.
- 자신의 불안정한 내면을 중요한 타인에게 의존하며 해결한다.
- 중요한 타인에게 애정과 보살핌을 지속적으로 요구한다.
- 타인의 이목을 끄는 행동과 말을 자주하고 관심을 즐긴다.
- 대인관계에서 자신이 끼치는 영향을 보지 못하고 남탓을 자주 한다.
- 처음에는 친근하고 활발한 인상을 보이지만 관계가 깊어질수록 피상적이고 이기적이다.
- 욕구를 즉각적으로 해결하고자 하고, 타인이 자신의 요구를 들어주기를 원한다.
- 자기 뜻대로 되지 않으면 적대감을 느낀다.
- 미성숙하다.
- 분노표현의 방식이 수동 공격적이다.
- 연극성 성격의 경향을 보인다.
- 여성과 노인에게 자주 나타나고, 섭식장애가 동반되기도 한다.

1-4, 4-1

1-3이 여성에게 더 흔하다면 1-4코드타입은 남성에게 보다 자주 나타난다. 4번의 반사회적인 특성으로 가정, 학교, 직장, 사회에서 크고 작은 문제를 일으키고, 법을 어기는 일도 빈번하다.

그러나 이들은 신체적 증상을 호소하며 저지른 문제의 책임을 회피하는 경향이 강하다. 권위자, 특히 부모와 교사와의 갈등이 잦고 반항적인 행동을 보인다. 알코올 남용과 중독을 보이는 경우가 많다.

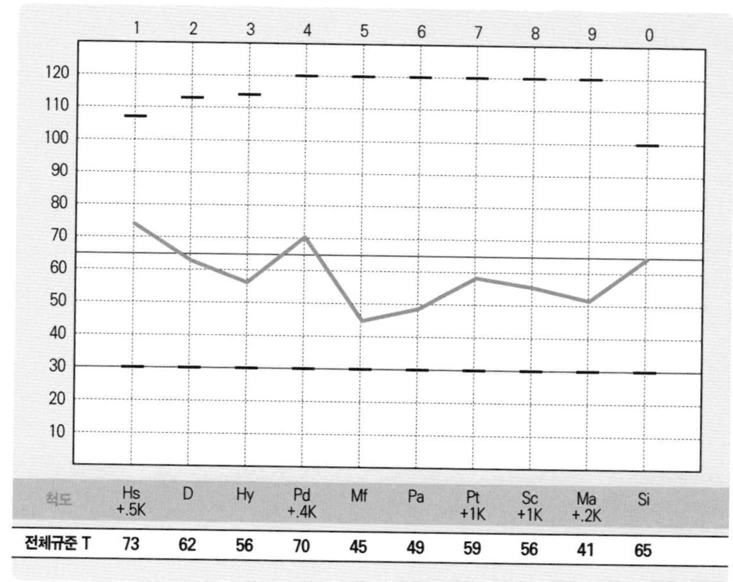

척도	Hs +.5K	D	Hy	Pd +.4K	Mf	Pa	Pt +1K	Sc +1K	Ma +.2K	Si
전체규준 T	73	62	56	70	45	49	59	56	41	65

- 다양한 신체적 증상과 고통을 호소한다.
- 신체증상을 통해 책임을 회피한다.
- 권위자와의 갈등이 잦다.
- 책임감이 부족하고 사회와 타인에 대한 불만이 잦다.
- 우유부단하다.
- 자기연민이 많다.
- 자기중심적으로 요구하고, 요구를 들어주지 않으면 불평한다.
- 가정 또는 학교에서 문제를 자주 일으킬 수 있다.
- 남성에게 자주 나타나고, 물질 남용과 중독이 자주 동반된다.
- 만성적인 성격장애를 나타낸다.
- 비자발적인 태도를 보일 때가 많으므로 심리치료의 예후가 좋지 않다.

1-8, 8-1

8번의 단독 상승만으로도 수검자는 기태적인 신체 경험을 호소할 수 있다. 그런데 1번이 함께 동반 상승했다면 수검자가 다양한 환각과 신체 관련 망상을 경험할 가능성이 높으므로 주의 깊게 탐색해 봐야 한다. 특히 '성'에 대한 비현실적이고 부적절한 생각에 집착할 수 있다.

이들은 사람들로부터 거리를 두고 스스로를 고립시키기 때문에 혼자 있는 경우가 많다. 특정한 신체적 증상에 몰두하는 특징

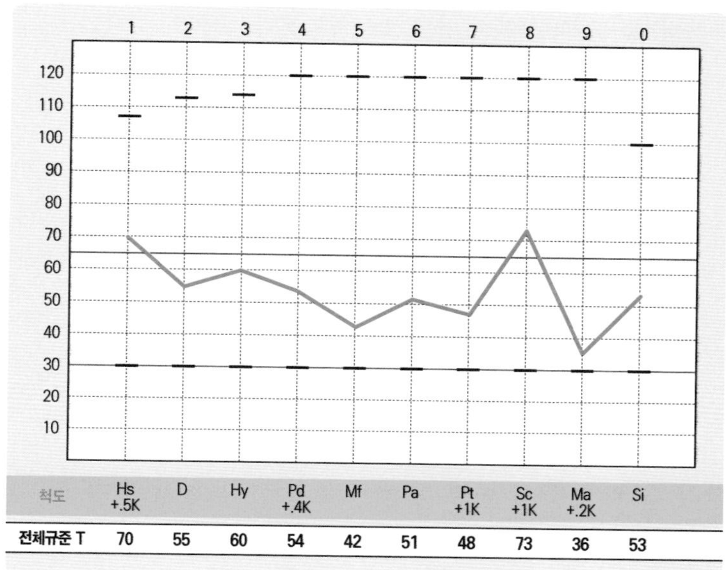

이 있고 상당한 수준의 혼란스러움을 경험할 수 있다. 자해와 자살사고가 높으므로 유의할 필요가 있다.

- 이상하고 기태적인 감각을 경험한다.
- 신체증상에 대해 집착하고 몰두한다.
- 혼란스럽고 뒤죽박죽인 느낌을 호소할 수 있다. 사고의 혼란, 정신증적 증상이 심한 경우에는 이러한 혼란스러운 느낌을 인식하지 못할 수도 있다.
- 대인관계에서 위축되고, 부적절한 감정을 자주 느끼며, 실제로 대인관계 기술이 부족하다.

- 타인을 신뢰하지 않는다.
- 사회적 상황과 접촉을 회피한다.
- 사람들로부터 정서적으로 거리를 두고 스스로를 소외시킨다.
- 자살사고, 자살시도의 가능성이 높다.
- 분노와 공격성을 평소 통제하다가 부적절한 방식으로 분출한다.
- 조현증, 조현형 성격장애, 신체 관련 망상, 편집망상을 자주 동반한다.

1–9, 9–1

겉보기에는 쾌활해 보이지만 안절부절 못하고 초조한 정서가 이 코드의 특징이다. 1번이 높은 대다수의 코드처럼 1-9 역시 신체적인 증상을 호소하며 자신의 심리적 고통을 회피하고자 한다. 이들은 과도하고 분주하게 움직이는 행동과 신체증상에 대한 집착으로 자신의 내면의 불안함을 회피한다.

그러나 내면세계에 대한 통찰력이 결여되어 있어 자기를 객관적으로 보지 못한다. 과대한 목표를 세우지만 일상의 사소한 도전에도 성취하는 바가 적어 사회 적응에 어려움을 겪는다. 상담에서 자주 볼 수 있는 프로파일은 아니지만, 만난다면 뇌의 신경학적 문제도 고려해봐야 한다.

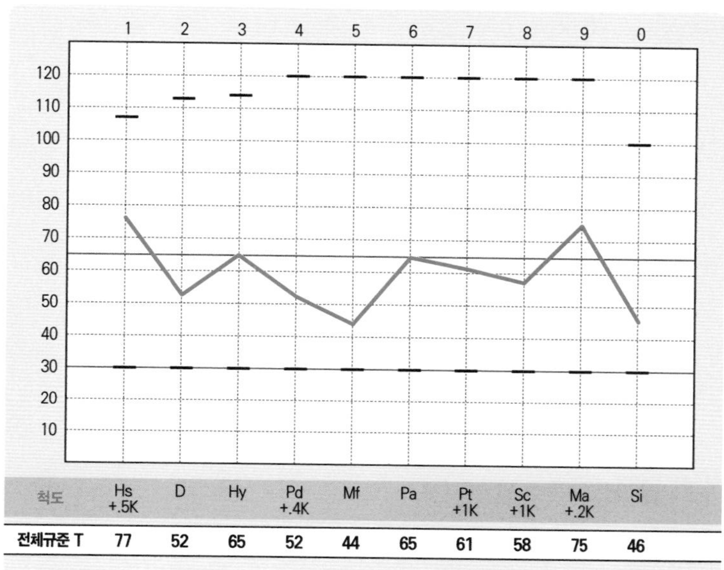

척도	Hs +.5K	D	Hy	Pd +.4K	Mf	Pa	Pt +1K	Sc +1K	Ma +.2K	Si
전체규준 T	**77**	**52**	**65**	**52**	**44**	**65**	**61**	**58**	**75**	**46**

- 다양한 신체적 증상과 고통을 호소한다.
- 신체증상에 대해 과도하게 걱정하고 집착한다.
- 매사 안절부절 못하고 불안해하며 초조해한다.
- 외향적인 편으로 겉보기에 쾌활하고 활발해 보이나 내면에는 깊은 우울과 의존욕구가 있다.
- 과한 활동과 신체적 증상을 통해 심리적 고통을 회피한다.
- 자기 문제와 한계에 대한 객관적 성찰이 결여되어 있다.
- 성취에 대한 욕구가 크지만 실제 성취하는 바는 적다.

2-3, 3-2

이 코드타입을 보이는 사람들은 부정적인 감정이나 의견을 직접 드러내지 않는다. 타인을 직접적으로 비난하거나 공격하는 일도 거의 없다. 부정적 감정을 억압하기 때문에 1번이 상승되지 않았음에도 불구하고 신체증상을 자주 호소한다.

이들은 자신이 부적절하고 열등하다고 느끼기 때문에 사소한 비평에도 금방 상처를 받는다. 만성적인 우울과 무기력을 호소하지만 내면의 문제를 인정하지 않고 그 상태에 익숙해져 있는 경우가 많다.

- 만성적인 우울과 무기력을 보인다.
- 매사에 지치고 피로하며 소진되어 있다.
- 희망이 없는 것 같은 느낌을 호소한다.
- 우유부단하고 어떤 일을 시작하기 힘들다.
- 자기 확신이 부족하다.
- 부적절감과 열등감, 죄책감을 자주 느낀다.
- 보호본능을 일으켜서 사람들로부터 돌봄과 관심을 받고자 한다.
- 성취와 인정을 추구하나 이를 직접적으로 드러내지 않는다.
- 부정적 감정을 좀처럼 직접 드러내지 않는다.
- 일상적인 분노도 억압하고 통제한다.
- 사소한 평가와 거절의 표시에도 쉽게 상처받는다.

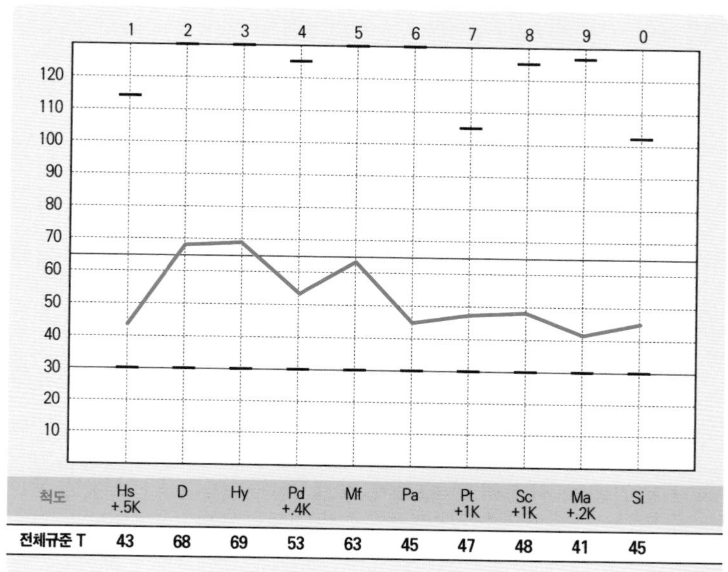

- 수동적이고 의존적이다.
- 내면을 숙고하는 듯 보이나 자신의 심리적 문제를 객관적으로 성찰하지 못한다.
- 변화에 대한 동기가 낮다.

2-4, 4-2

2번과 4번이 동시에 상승하는 조합은 어울리지 않는 듯 보이지만, 2-4코드는 문제를 일으킨 후 비자발적으로 상담에 오는 내담자들에게 흔히 나타나는 프로파일이다. 이들의 내면에는 자신에 대한 뿌리 깊은 불만족과 열등감이 있는데 자주 자포자기의 태도를 취한다.

이들의 자기 파괴적인 음주습관, 중독, 충동적이고 위험한 행동은 자기 불만족을 달래려는 행동이다. 이들은 불행의 탓을 사회와 타인에게 전가하고 불평이 많고 적대적이다. 타인의 입장과 상황을 고려하는 능력이 부족해 미성숙하고 자기조절능력이 취약하다.

가정폭력, 주폭, 중독의 문제를 보이는 성인, 품행의 문제를 보이는 청소년 내담자들이 이런 프로파일을 자주 나타낸다. 이들은 타인에게 공격적인 만큼 자기 비난도 심하기 때문에 자살과 자해의 위험이 높다.

특히 2번이 4번보다 상승되어 있는 경우 자살사고와 관련 이력이 있는지 탐색하고 적절한 위기개입을 할 필요가 있다.

- 반사회적 성격의 경향을 보인다.
- 가정 문제, 학교 폭력, 범법에 연루되어 비자발적으로 검사를 받는 사람들에게 자주 나타난다.

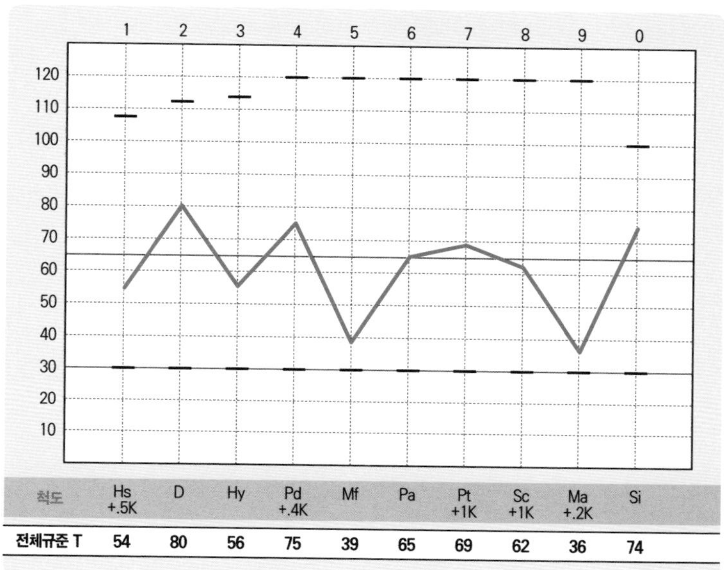

- 자신의 충동성을 통제하지 못한다.
- 행동화, 투사의 방어기제를 사용한다.
- 타인에게 적대적이고 공격적으로 행동한다.
- 삶과 처한 환경에 대한 불만족과 우울감이 만연하지만 그 책임을 타인과 사회로 돌린다.
- 타인과 사회를 자주 원망한다.
- 분노표현의 방식이 수동 공격적이다.
- 자기 연민이 많다.
- 타인에게 죄책감을 주기 위한 자기 연민, 자해를 시도한다.

- 미성숙하고 자기중심적이다.
- 의존적이다.
- 행동에 대한 자책과 죄책감을 보이나 일시적일 뿐 동일한 행동을 반복한다.
- 좌절과 스트레스에 취약해 술, 약물 등 즉각적 쾌락을 충족할 수 있는 것들로 위안을 삼는다.
- 알코올, 약물 의존의 문제를 흔히 보인다.
- 심리치료의 예후가 좋지 않다.

2-6, 6-2

이 코드타입을 보이는 사람들은 상당한 수준의 우울감을 보고하고 있지만, 이들이 주요하게 겪는 어려움은 대인관계에서의 갈등이다.

이들은 다른 사람을 불신하고 적대시한다. 자신은 비판적이고 공격적으로 행동하면서도 갈등의 책임을 타인에게 전가하고 스스로를 피해자로 여기는 경향이 크다. 이들이 호소하는 우울함 속에는 공정한 대우를 받지 못한 분노와 억울함이 있다.

- 대인관계 갈등, 특히 분노와 공격성의 문제가 두드러진다.
- 타인을 의심하고 질투하는 편집성 성격 경향이 나타난다.
- 타인에게 분노하는 만큼이나 자신에 대한 불만족과 분노가 크기 때문에 우

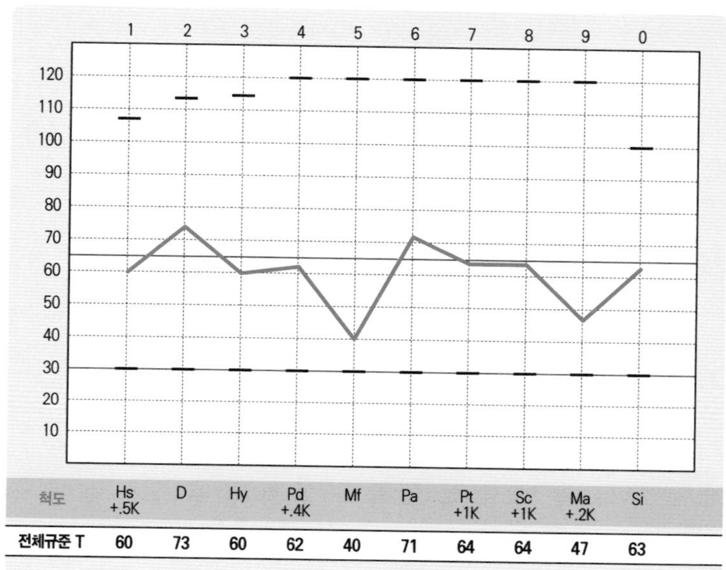

울 관련 증상을 보이기도 한다.

- 사소한 비판이나 평가에도 매우 예민하고 적대적으로 반응한다.
- 흔하지 않은 프로파일로 편집성 성격이 만성화된 경우가 많아 심리치료의 예후가 좋지 않다.

2-7, 7-2

2-7, 7-2코드는 심리치료를 찾는 내담자들에게 자주 나타나는 프로파일이다. 이들의 일상에는 불안, 긴장, 두려움, 초조함, 죄책감, 두려움의 심리적 고통이 만연하다. 이들은 자신의 문제를 인식하고 자발적으로 상담의 도움을 받고자 한다.

이들은 사소한 자극도 쉽게 넘기지 못하고 과하게 염려하며 걱정한다. 점수가 지나치게 높을 경우, 특히 7번이 더 높을 경우 강박적 사고와 행동의 심각성을 살펴볼 필요가 있다. 이들은 과도한 책임감과 높은 기준, 완벽주의적 성향으로 자주 압도된다. 생각할 수 있는 모든 가능성을 고려하기 때문에 의사결정이 느리고 우유부단하다.

겉보기에는 사려 깊고 내면을 통찰하는 듯 보이지만 경직된 기준으로 타인과 자신의 욕구를 억압하기 때문에 갈등을 자주 경험한다. 비판과 평가에 상당히 취약해 남 앞에 나서거나 돋보이는 자리를 피하는 경향이 있다.

- 불안, 긴장, 우울, 두려움, 초조함, 죄책감의 부정적 감정이 만연해 주관적으로 느끼는 심리적 고통이 크다.
- 강박성 성격의 경향을 보인다.
- 문제를 미리 예상하고 걱정하고 대비하려 한다.
- 지나치게 예민하다.

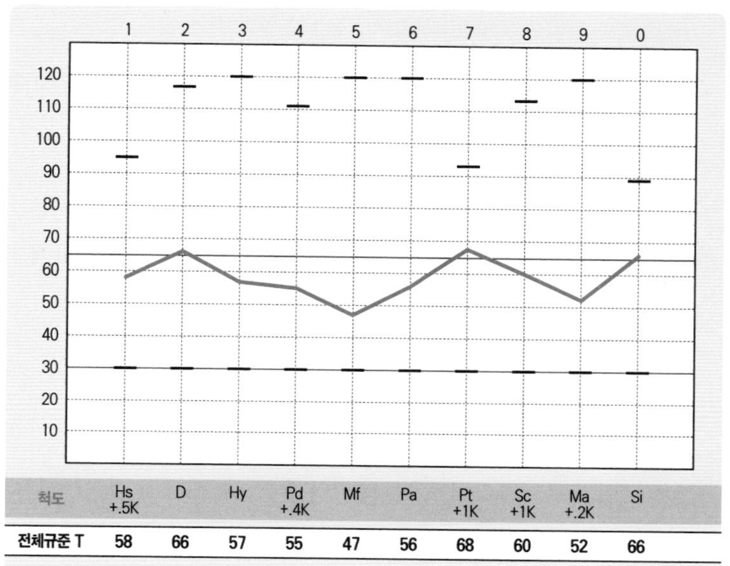

- 사소한 자극에 집착한다.
- 만성적인 피로와 소진, 에너지 부족을 호소한다.
- 상황과 문제에 압도된다.
- 우유부단하다.
- 행동과 판단이 느리다.
- 성취·윤리에 대한 기준이 높고 완벽주의적인 경향을 보인다.
- 사고, 정서, 행동이 모두 경직되어 있다.
- 융통성이 부족하다.
- 비관적이고 부정적이다.

- 실수와 허점을 반추해 생각하고 자신을 비판한다.
- 권위와 규칙을 잘 따르지만 때론 지나치게 잘 보이려 애쓰거나 의존할 수 있다.
- 자신의 의견과 감정을 좀처럼 나서서 말하지 않는다.
- 상담의 도움을 구하는 내담자들에게 흔히 나타나는 프로파일로 변화 동기와 통찰력이 높아 치료 예후가 좋다.

2-8, 8-2

사고의 혼란과 정신증적 증상을 동반한 만성적인 우울장애 수검자들에게 자주 나타나는 코드타입이다. 주의 집중력과 문제 해결 능력이 저하되어 있다. 일상의 사소한 업무에도 어려움을 호소하기 때문에 주요한 타인들에게 의존해 생활한다.

하지만 대부분의 사람들과는 심리적, 물리적 거리를 유지한 채 고립되는 경향이 있다. 이들은 위축되어 있고 사람들이 자신을 해치지 않을까 두려워한다. 회피경향이 높고 인식과 표현이 부족하기 때문에 메마르고 단조로운 인상을 준다.

- 주의집중의 어려움, 판단력 저하, 사고의 혼란을 자주 호소한다.
- 다양한 신체증상(어지러움, 구토, 매스꺼움 등)을 호소하기도 한다.
- 자주 긴장하고 위축되며 부적절감을 느낀다.

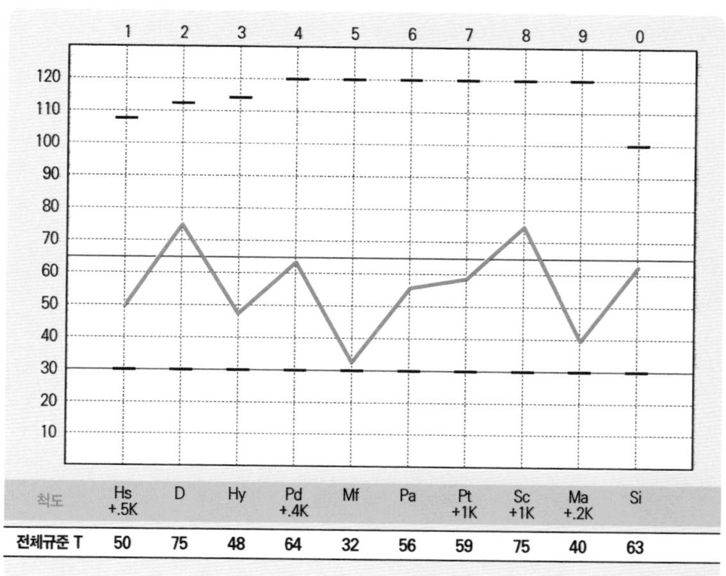

• 쉽게 울고 우울, 절망, 죄책감을 경험한다.

• 사람들이 자신을 해치거나 상처주지 않을까 의심한다.

• 사회 상황을 회피하며 정서적으로 거리를 둔다.

• 좀처럼 솔직한 마음과 어려움을 있는 그대로 털어놓지 않는다.

• 변화와 치료에 대한 동기가 낮아 예후가 좋지 않다.

• 자살사고가 높으므로 자살 예방에 대한 구체적인 치료개입이 필요하다.

• 우울 관련 장애, 조현증, 망상장애, 신체 관련 망상과 환각을 흔히 동반한다.

2-9. 9-2

2번과 9번만 동반상승하는 경우는 많지 않고 4번이나 6번, 또는 대부분의 임상척도들이 함께 상승하는 경우가 많다. 만약 2번과 9번의 점수만 높다면 양극성 장애의 조증상태를 의심할 수 있다. 이들은 정서적으로 불안정하고 자주 폭발한다.

이들은 매우 자기중심적이고 자기가 얼마나 가치 있는 사람인지 늘 확인받고 싶어한다. 이들의 지나친 활동성, 과장된 표현, 쾌락의 탐닉은 자신의 가치에 대한 내면의 불확실함과 무가치함을 덮고자 하는 시도로 볼 수 있다.

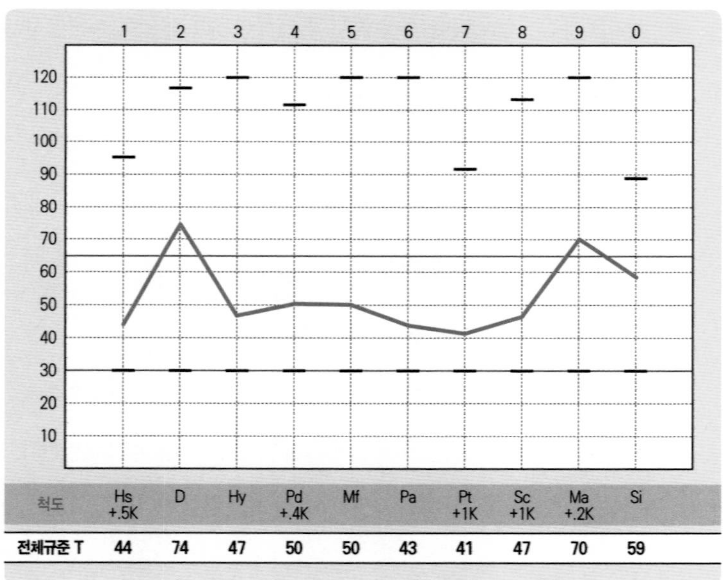

하지만 정작 본인은 이러한 심리적 기제를 인식하지 못하고, 인식하더라도 부정하기 때문에 통찰 중심의 심리치료가 적합하지 않다. 이 프로파일을 보이는 사람 역시 알코올, 약물 등 중독의 위험이 높으므로 탐색이 필요하다.

- 양극성 장애의 조증상태를 시사할 수 있다.
- 과한 활동과 고양된 정서를 통해 심리적 고통을 회피한다.
- 겉보기에 활동이 과하고 자신을 과장되게 표현하지만 내면에는 깊은 무가치함과 열등감이 있다.
- 지나치게 자기중심적으로 자신에게 몰두한다.
- 매사 초조하고 긴장된 상태로 정서적으로 매우 불안정하다.
- 청소년 수검자의 경우 정체감의 혼란을 나타낼 수도 있다.
- 술, 약물, 오락 등 즉각적인 위안을 줄 수 있는 것들에 의존하는 경향이 강하다.

3-4, 4-3

대인관계 갈등이 이 코드타입의 주요한 특징이다. 연극성, 경계선, 반사회성 경향을 보이는 수검자들에게 자주 나타나는 프로파일이고, 남성보다는 여성에게 많이 나타난다. 사람들이 자신을 제대로 인정하고 돌봐주지 않는다고 생각해 지속적인 분노를 느낀다.

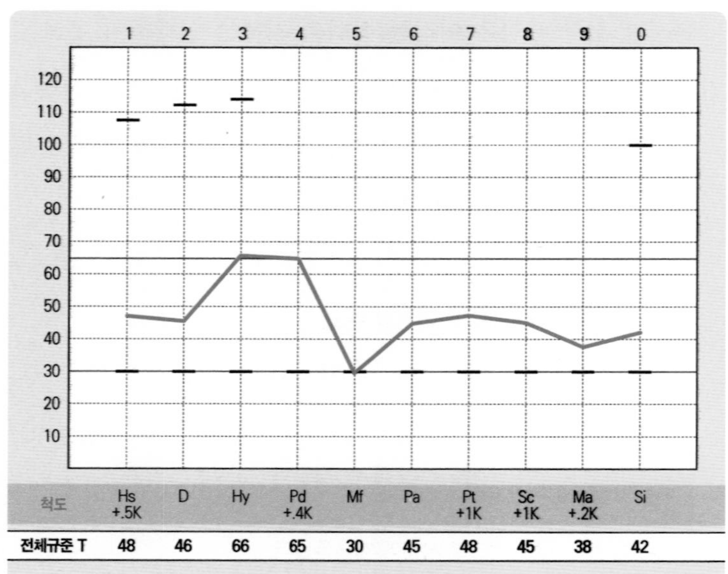

3번이 더 높을 경우 분노를 억압하는 기제가 커서 은근히 비난하고 조종하려는 수동 공격성을 나타낸다. 4번이 더 높을 경우는 평소 참다가도 사소한 자극에 쏟아내듯 화를 내는 등 억압과 충동적 분노 표출을 주기적으로 반복한다.

이들은 상대에게 자주 신경질과 짜증을 부리면서도 타인의 비판과 거절에 매우 민감하다. 사소한 좌절에도 민감하게 반응하는 편으로 스트레스에 취약하다. 고통을 달래기 위해 술이나 약물 등에 의존하는 경향이 있다.

이들은 인정받기 위해 타인의 기준에 맞추고, 충동적이고 자기중심적이어서 미숙한 아이 같은 느낌을 준다. 대인관계를 지속하지 못하고 인정과 돌봄을 찾으려 여러 사람들과 피상적인 접촉을 하는 경향이 있다.

- 지속적인 대인관계 갈등을 일으킨다. 정서적 유대가 깊은 관계를 맺기가 어렵고, 특히 가족을 향한 분노와 적개심을 가지고 있다.
- 사소한 비평과 거절의 표시에도 분노하며 과민하게 반응한다.
- 타인이 자신을 인정해주지 않는다며 불평한다.
- 이로 인해 타인과 사회를 비난하고 원망한다.
- 분노 조절, 적절한 분노 표현의 어려움을 겪는다.
- 자살사고, 자살시도의 가능성이 높다.
- 자신의 고통을 해결하기 위해 술, 약물 등에 의존하는 경향이 커서 물질 관련 중독 가능성이 높다.
- 성격 특성이 만성화된 경우가 많다.
- 변화와 치료 동기가 낮아 예후가 좋지 않다.
- 3번이 4번보다 높을 경우에는 지속적인 분노와 적개심을 가지고 있지만, 이를 억압하기 때문에 빈정거리거나 냉소적이고 수동 공격적인 행동을 한다. 신체증상을 호소하며 타인을 조종하기도 한다.
- 4번이 3번보다 높을 경우에는 평소 참던 분노와 적개심을 충동적으로 표현한다. 공격적이고 파괴적인 행동, 언어폭력 등 부적절한 방식으로 분노를 표출한다.

3-6, 6-3

이들은 자기 문제의 대부분을 인정하지 않고 환경과 타인을 탓한다. 3번과 6번이 동시에 상승했다는 의미는 책임 전가, 투사, 합리화가 주요한 기제로 자리 잡고 있다는 의미다. 이들은 자기애적으로 요구하고 의심하는 경향이 있다.

그래서 사회생활에서 자주 비협조적이고 까다로운 사람으로 인식된다. 신경증적 신체증상(두통, 근육통, 소화불량 등)을 호소하고, 이를 통해 심리적 불편을 드러내는 경향이 있다.

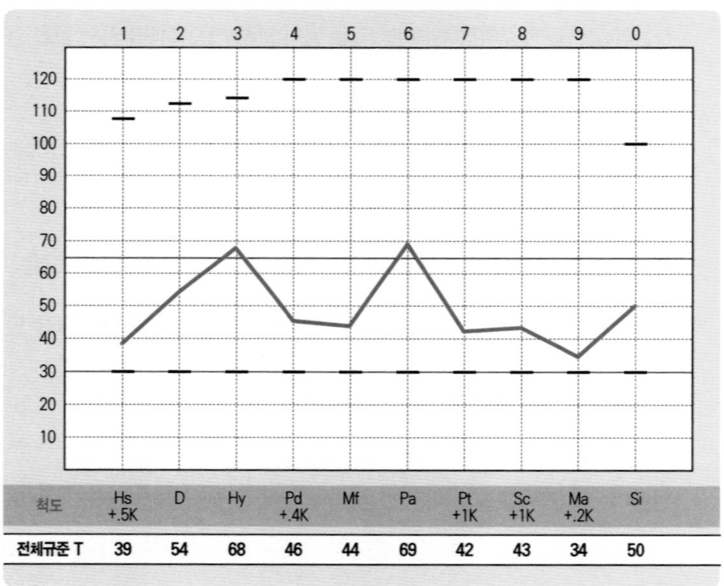

- 겉보기에 우호적으로 보이지만 비협조적이고 적대적이다.
- 분노와 적대감을 자주 느끼지만 이를 억압하고 부인한다.
- 다양한 신체적 증상과 고통을 호소한다.
- 자신의 심리적 문제를 합리화한다.
- 타인의 잘못을 꼬집어 자신의 행동을 정당화하려 한다.
- 비협조적이고 방어적이다.
- 자기중심적이고 미성숙하다.
- 라포 형성이 어렵고 치료의 예후가 좋지 않다.

3–8, 8–3

3번과 8번만이 상승하는 경우는 드물고, 1번, 2번, 4번, 7번 중에 하나가 함께 상승하거나 모든 척도가 상승하는 경우가 대부분이다.

현재 정신증적 증상, 특히 사고의 혼란과 주의집중력의 저하, 기억력 감소로 어려움을 겪고 있을 가능성이 높다. 이들은 자신의 상태가 불안하다는 사실을 알고 있고, 이에 대해 누군가에게 의존하고 싶으면서도 사람들을 두려워하며 회피한다.

- 신체적, 정신증적 증상과 함께 주관적 우울감, 긴장, 불안한 정서를 함께 경험한다.

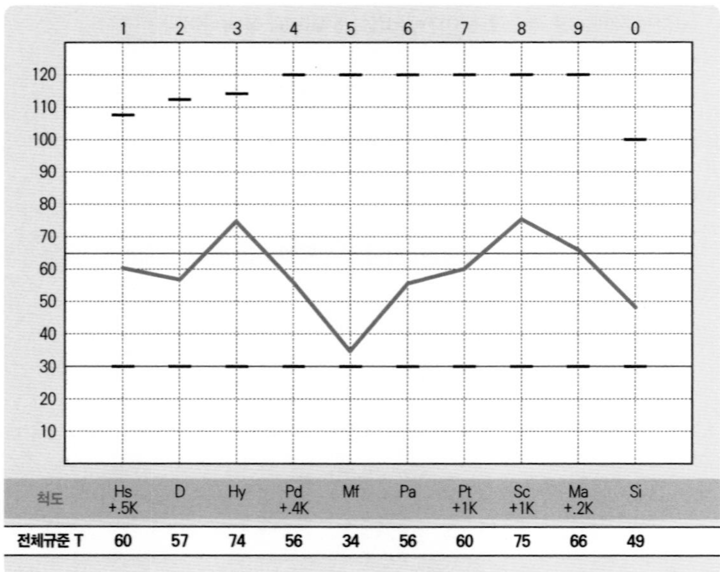

- 마음속 깊은 곳에는 타인에게 지지받고 관심받고 싶은 욕구가 강하나 겉으로는 사람들로부터 거리를 두며 회피한다.
- 사회 공포, 특히 거절당하는 것에 대한 두려움이 강하다.
- 의존적이다.
- 해리, 유아적 퇴행이 동반되기도 한다.
- 기억력 감소, 판단력 저하, 주의 집중의 어려움을 호소한다.

4-6, 6-4

3-6코드가 자기문제를 합리화하고 책임을 전가한다면, 4-6코드는 투사경향성 위에 타인을 향한 공격, 분노, 적개심 표출이 더해진다. 이들은 대부분의 문제에서 다른 사람의 탓을 찾아내고 화를 낸다. 그러므로 가족관계, 교우, 사회생활에서 사람들과 어울리지 못하고 지속적인 갈등과 사회부적응을 경험한다.

다른 사람이 자신을 이해하지 못한다고 믿어 원망하고 적대시한다. 피해망상이나 과대망상, 여타 편집 관련 증상들을 보이기도 한다. 상담에 와서도 '나는 문제가 없으니 타인을 바꿔 달라'

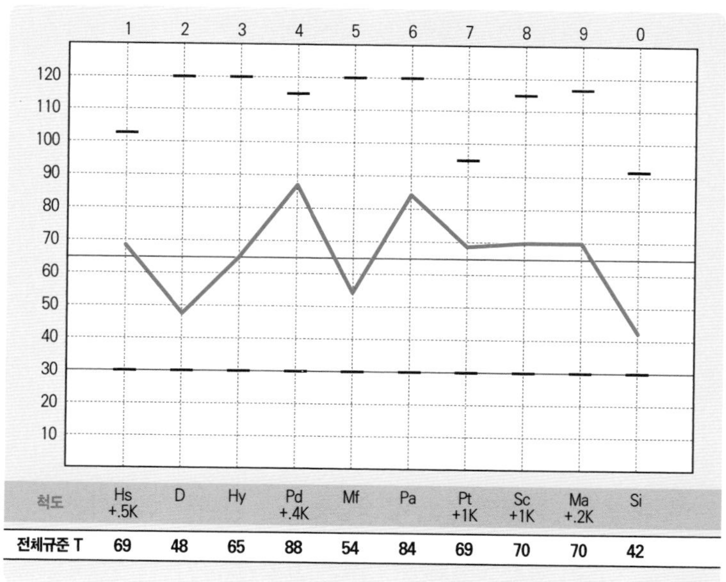

는 자세를 취하고, 요구가 관철되지 않으면 상담자의 실력을 의심하고 비난하기 때문에 예후가 좋지 않은 편이다.

- 지속적인 대인관계 갈등을 일으킨다. 대인관계의 폭이 좁고 사회적 부적응을 경험한다.
- 타인의 동기를 의심하고 경계하며 적대시한다.
- 까다롭게 요구하고, 요구를 들어주지 않으면 분개한다.
- 매사 따지고 논쟁적이다.
- 두려움이 많다.
- 사회와 사람들이 자신을 이해하지 못한다고 억울해하며 원망한다.
- 사소한 비평과 거절의 표시에도 분노하며 과민하게 반응한다.
- 자신의 문제에 대한 인식과 성찰이 결여되어 있다.
- 자신의 행동에 대한 책임을 타인에게 전가하고 투사한다.
- 과대망상, 피해망상의 가능성이 높다.
- 라포 형성이 어려워 예후가 좋지 않다.

4-7, 7-4

7번 상승 자체가 분노, 불안에 대한 긴장과 죄책감을 나타내는데, 이런 척도가 4번과 함께 상승한다는 의미는 수검자가 이미 상당한 수준의 불일치감을 경험하고 있다는 뜻이다. 이들은 충동

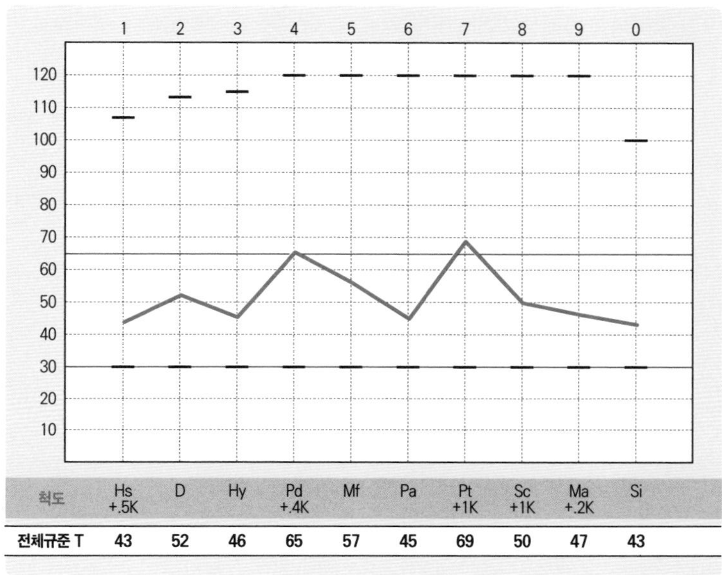

적으로 분노를 표출한 뒤에 후회하며 죄책감을 느낀다.

이후 일정기간 자신을 억압하다 다시 행동화하는 패턴을 반복한다. 이 프로파일의 주요한 특징 중 하나는 '통제감'이다. 이들은 분노와 억압의 패턴을 반복하며 '자기 행동 하나 통제하지 못한다'는 실패감을 경험한다.

하지만 이러한 실패감 때문에 자신을 더욱 억압하고, 이 과정에서 내적 긴장과 불안이 올라가 충동적 행동의 가능성이 올라간다.

- 충동적 행동과 억제기제가 반복적으로 나타난다. 예를 들어 공격적으로 분노를 표출한 후에 이에 대한 죄책감으로 자신을 억압하고 또 공격적으로 분노를 표출하는 행동을 반복한다.
- 죄책감을 느끼지만 충동적 행동을 반복하는 경향이 크므로 실수를 통해 배우는 능력이 부족하다.
- 분노표출의 방식이 수동 공격적이다.
- 공격적이면서도 의존한다.
- 다른 사람의 인정과 확인을 받고자 한다.
- 이러한 인정의 욕구가 좌절되었을 때 쉽게 분노한다.
- 지나치게 통제받았던 경험이 많은 사람들에게 자주 나타난다.

4-8, 8-4

이 코드타입의 주요한 특징은 문제의 외재화와 행동화이다. 조현증과 반사회성 성격경향을 보이는 수검자들에게 주로 나타나는 프로파일로 충동적이고 사회적으로 받아들여지지 않을만한 행동을 하는 경향이 있다.

이들은 자신이 받아들여지지 않는 것에 대한 불안과 외로움을 경험하면서도 이를 적대적인 분노로만 표현하는 경향이 있다. 책임감이 부족하고 주어진 규범과 역할을 끝까지 해내는 힘이 부족하다. 학교나 업무에서 성취하는 바가 적어 열등감과 부적절함

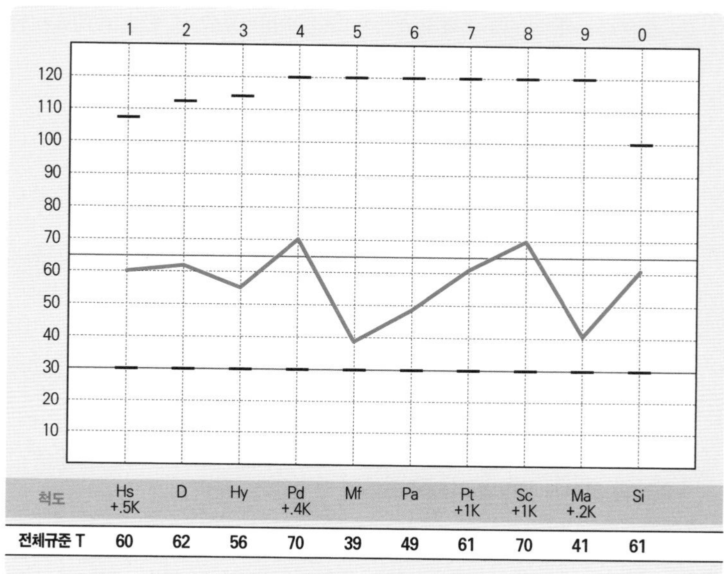

척도	Hs +.5K	D	Hy	Pd +.4K	Mf	Pa	Pt +1K	Sc +1K	Ma +.2K	Si
전체규준 T	60	62	56	70	39	49	61	70	41	61

을 많이 느낀다. 실패의 원인을 외부에서 찾으며 억울해하는 경향이 있다.

8번이 더 높게 상승했을 경우 판단력과 주의집중력의 저하를 많이 호소하고 비현실적인 사고, 공상, 망상이 심할 수 있다. 상황을 적절하게 인식하고 공감하는 능력이 부족하며 양심에 따르는 면이 미숙하다. 비행, 폭력, 가출 등 규율과 법을 위반해 연계되는 수검자들에게 자주 나타나는 프로파일이다.

충동적인 자해와 자살시도, 비행, 중독, 성 관련 망상이 동반될 위험이 있으므로 주의를 기울일 필요가 있다.

- 사람들로부터 이상하고 독특하고 별나다는 평가를 주로 받으며 사회생활에 자주 부적응을 경험한다.
- 사람들과 정서적으로 교류하고 공감하는 능력이 부족하다.
- 타인으로부터 지지와 인정을 받고자 하면서도 사람들을 불신하며 회피한다.
- 사회적 기술이 세련되지 못하고 예측하기 힘든 행동을 자주 하기 때문에 갈등이 잦다.
- 이러한 갈등에 대해 분노하면서 세상으로부터 자신을 단절시키거나 받아들여지지 않을만한 행동을 한다.
- 거절과 거부에 대한 두려움이 크다.
- 내면에는 스스로에 대한 열등감과 불안함을 경험하면서도 이를 타인에게 투사한다.
- 사고의 혼란, 판단력과 주의집중력의 어려움을 경험한다.
- 성 관련 집착과 공상의 가능성이 있다.
- 자살사고, 자살시도의 가능성이 높다.
- 조현증, 편집성 성격장애, 반사회적 성격장애, 조현성 성격장애, 기타 조현증 관련 증상이 흔하게 나타난다.

4-9, 9-4

4번과 9번 임상척도 모두 충동성, 부적절한 태도와 행동, 공격성, 과장된 자기인식의 경향을 포함하는데 4-9는 이러한 두 척도의 결합이다. 여러 코드타입 중에서도 4-9는 활동성이 두드러지는데 그 내용은 부적절하고 비생산적이다.

양극성 장애의 조증 관련 증상, 반사회적 성격장애, 외현적 문제를 일으키는 자기애성 성격장애 내담자들에게 자주 나타나는 프로파일이다.

이들은 욕구가 올라오면 즉각적으로 해소하려 하고, 감각적

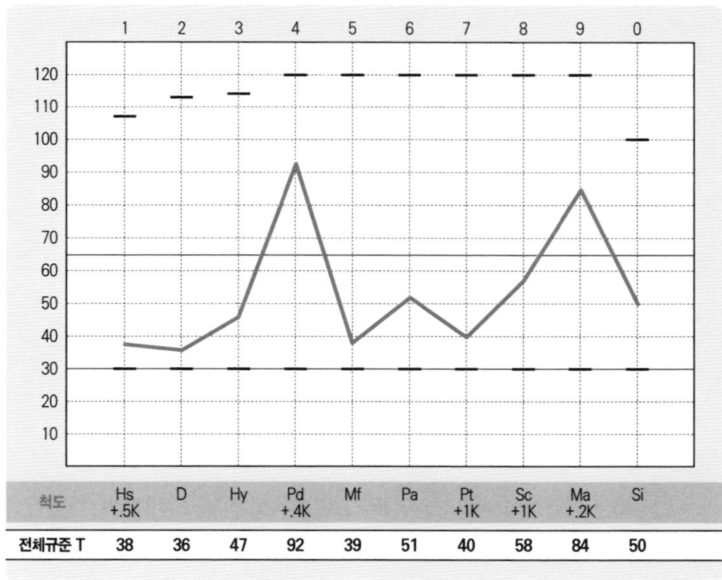

척도	Hs +.5K	D	Hy	Pd +.4K	Mf	Pa	Pt +1K	Sc +1K	Ma +.2K	Si
전체규준 T	38	36	47	92	39	51	40	58	84	50

쾌락을 쫓기 위해 위험한 일도 마다하지 않는다. 겉보기에 재미있고 열정적으로 보이지만, 일관적으로 헌신을 하지 않기 때문에 대인관계가 피상적이고 학업·업무의 지속성도 떨어진다.

기분 변동이 심하고 정서표현이 폭발적이다. 내면이 불안하고 공허하며 안절부절 못하는 느낌을 자주 호소하는데, 이를 해결하기 위해 더 큰 쾌락을 추구하므로 중독의 위험이 크다.

- 충동적이고 공격적이다. 이러한 충동성을 있는 그대로 표출하기 때문에 자주 위험과 문제에 연루된다.
- 규범, 규칙, 법을 무시하고 다양한 종류의 행동화 문제를 일으킨다.
- 겉보기에 매우 열정적이고 독립적으로 보이지만 내면에는 깊은 불안과 불안정감, 타인에게 의존하고 싶어 하는 욕구가 있다.
- 공감능력이 부족하고 사람들과 정서적 유대를 맺는 법을 모르기 때문에 대인관계가 매우 피상적이다.
- 자신의 욕구를 충족하기 위해 타인에게 지배적 의존을 한다.
- 만족지연능력이 낮아 즉각적인 문제해결을 원한다.
- 이러한 만족에 대한 욕구가 좌절되면 분노하며 타인을 공격, 비난한다.
- 감각적 쾌락을 추구한다.
- 미숙하고 책임감이 부족하다.
- 반사회성 성격장애, 자기애적 성격장애, 양극성 장애가 흔하게 나타난다.

6-8, 8-6

6-8 코드타입을 보이는 사람들은 타인을 경계하고 두려워한다. 합당한 이유가 없이도 사람들이 자신에게 해를 끼치리라는 의심을 품고 사람들을 피해 다닌다. 이들은 세상은 위험한 곳이며 자신은 약한 존재라는 인식을 가지고 있다.

여러 사람들이 모이는 장소, 사회 활동, 모험 등에 참여하는 일이 거의 없고, 자신이 안전하다고 생각하는 곳에 혼자 있기를 즐겨한다. 그러면서도 특별히 외로움이나 불편함을 느끼지 않는다. 이들에게는 대인관계 욕구보다는 안전의 욕구가 더 중요하다. '안전'은 6-8 코드를 보이는 내담자들을 이해하는 데 핵심적인

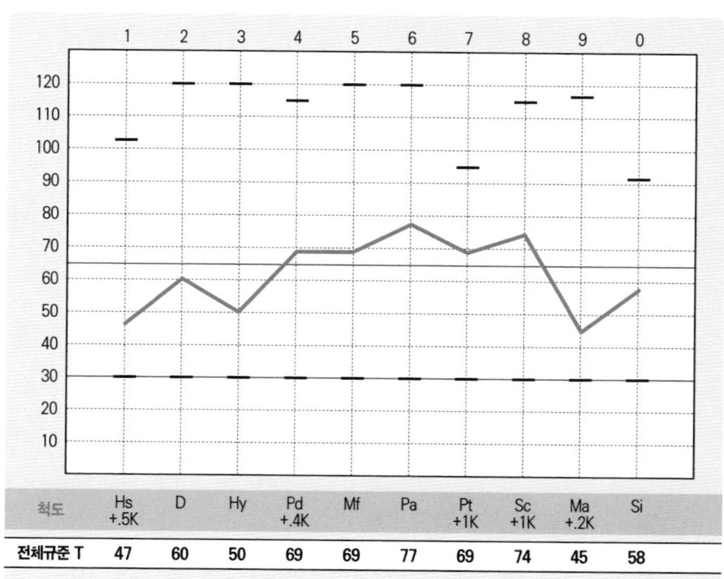

척도	Hs +.5K	D	Hy	Pd +.4K	Mf	Pa	Pt +1K	Sc +1K	Ma +.2K	Si
전체규준 T	47	60	50	69	69	77	69	74	45	58

요소이다.

편집성 성격 경향, 망상장애, 조현증의 편집 관련 증상들(관계사고, 피해망상 등)을 경험하는 내담자들에게 자주 나타나는 프로파일이다. 이 프로파일을 보인다면 편집의 특성이 만성화되었을 가능성이 높다.

- 적대적이고 의심이 많다.
- 정서적 유대가 깊은 인간관계를 거의 맺지 않아 사회적으로 철수되어 있으나 큰 불편함을 느끼지 않고 혼자 있기를 좋아한다.
- 대인관계 기술이 부족하다.
- 스스로를 약하고 열등하다고 느끼고 이에 반해 세상을 매우 위험한 곳이라고 인식한다.
- 회피하는 문제해결을 한다.
- 사고의 혼란, 판단력과 주의집중, 현실 검증력의 어려움을 경험한다.
- 사고가 매우 특이하고 부적절한 행동을 자주하기 때문에 이상한 사람으로 비춰진다.
- 망상과 환각(특히 피해망상과 관계사고) 등 정신증적 증상을 경험할 가능성이 높다.
- 공상을 많이 한다.
- 자살사고, 자살시도의 가능성이 높다.
- 조현증, 편집성 성격장애, 조현성 성격장애가 흔하게 나타난다.

6-9, 9-6

6-9 코드타입을 보이는 사람들은 불안정하고 폭발적이다. 이들은 매사 긴장하고 불안해하는데 6-8이 사회적으로 철수하면서 불안을 해결하려고 한다면, 6-9는 야단법석을 떨면서 불안을 투사한다.

이들은 자기를 과장되게 인식해 자신은 옳고 다른 사람은 틀리다고 생각하는 경향이 있다. 타인의 의도를 불신하고 원한을 쉽게 품는다.

대화를 할 때 꼬투리를 잡거나 논쟁하려 들기 때문에 대인관

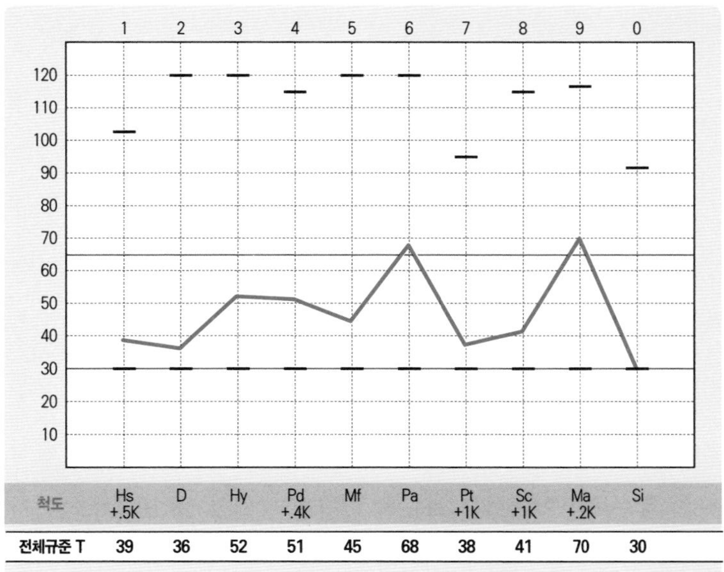

척도	Hs +.5K	D	Hy	Pd +.4K	Mf	Pa	Pt +1K	Sc +1K	Ma +.2K	Si
전체규준 T	39	36	52	51	45	68	38	41	70	30

계 갈등을 자주 일으킨다. 사고와 행동이 비현실적이고 객관적 자기 인식능력이 결여되어 있기 때문에 예후가 좋지 않다.

- 변덕스럽고 사소한 일에도 흥분을 잘 한다.
- 불안하고 긴장된 정서가 만연하다.
- 타인의 동기를 의심한다.
- 편집적 경향이 높다.
- 관계적 사고, 관계 망상, 과대 망상, 피해 망상의 가능성이 높다.
- 판단력과 현실 검증력이 저하되어 있다.
- 비현실적인 공상과 상상을 많이 한다.
- 정서표현이 불안정하다. 지나치게 억제하거나 갑자기 폭발하는 행동을 주기적으로 반복한다.
- 조현증, 양극성 장애의 수검자에게 흔하게 나타나는 프로파일로 예후가 좋지 않다.

7-8, 8-7

7-8 코드타입을 보이는 사람들은 일상 기능에 곤란을 겪고 있을 가능성이 높다. 8번이 의미하는 혼란스럽고 비합리적인 증상에 더해 7번이 의미하는 과도한 민감성과 긴장, 초조함이 얹어져 7-8 코드타입을 나타내는 사람들은 상당한 수준의 심리적 고통

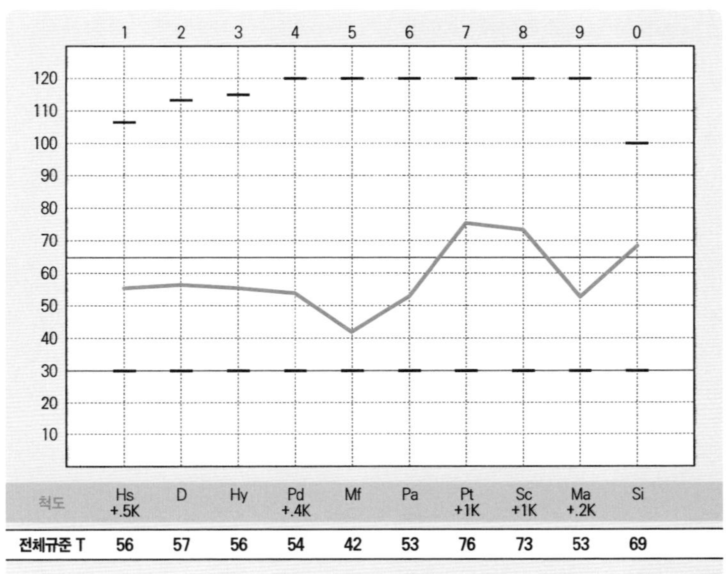

을 느낀다.

이들은 자기에 대한 확신과 자신감이 부족하다. 혼자서는 어떠한 문제도 해결하지 못할 것이라고 느끼며 의존하고, 상황에 압도되는 경향이 있다. 이들은 자기 상태에 대한 불안함과 미칠 것 같은 두려움을 보고하곤 한다.

- 혼란스럽고 불안정한 상태로 주관적으로 느끼는 심리적 고통이 크다.
- 부적절감, 열등감을 많이 느끼며 사회적 상황을 회피한다.
- 안절부절못하며 초조한 정서가 만연하다.

- 사소한 일에도 걱정을 많이 한다.
- 우유부단하다
- 일, 학업 등 일상의 기능을 제대로 하지 못한다.
- 의사표현, 정서표현이 제한적이고 부적절하다.
- 수동적이다.
- 자신의 성 역할에 대한 부적절감이 있으며, 성관계에 대한 두려움이 있다. 이에 대한 보상으로 성적 공상에 집착할 수 있다.
- 자기 확신이 없다.
- 판단력이 흐리다.
- 자신의 현재 상태, 증상에 대한 불안과 두려움이 강하다.
- 멍하게 있는 경우가 많고 주의 집중력의 어려움이 있다.
- 비현실적인 공상과 상상을 많이 한다.
- 7번이 8번보다 높을 경우 자신의 상태를 보다 객관적으로 인식하고 있지만 이로 인해 매우 초조해하고 두려워한다.
- 8번이 7번보다 높을 경우 정신증적 증상(망상, 환각 등)과 사고의 장애를 호소할 가능성이 보다 높고, 사회적으로 보다 철수되어 있다.

8-9, 9-8

8-9가 단독으로 상승하는 경우보다는 다른 임상척도들과 함께 전반적 상승을 보일 때가 많다. 8-9 코드타입이 나왔다면 검

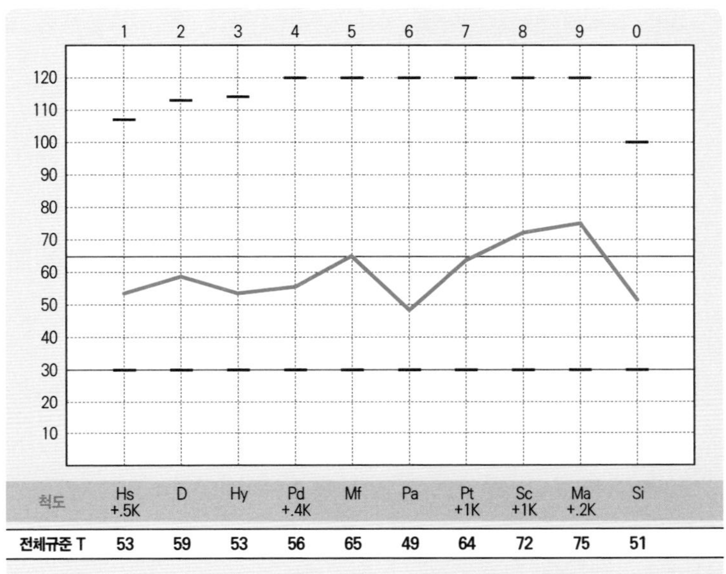

사를 받은 시점에서 수검자에게 정신증적 양성증상이 뚜렷하게 발현했다고 볼 수 있다.

수검자가 증상을 과장하지는 않았는지, 최근 갑자기 증상을 유발할 만한 사건이 있었는지를 함께 탐색해볼 필요가 있다.

자신을 과장되게 인식하고 이에 걸맞은 대우를 받고자 한다. 조현증, 양극성 장애 조증 에피소드, 여타 다른 원인으로 인한 급성 정신증 증상을 경험하는 내담자들에게 나타나는 코드타입이다.

- 쉽게 흥분하고 변덕스럽다.
- 조증 관련 증상들이 나타난다(과잉활동, 부적절한 정서와 행동, 비약적 사고 등).
- 자신에 대한 평가가 비현실적으로 과대하다.
- 자신의 상태와 문제에 대한 객관적인 성찰이 결여되어 있다.
- 욕구를 유아적으로 요구하고, 사람들이 자신의 욕구를 들어주지 않으면 분노한다.
- 자기 통제가 어렵다
- 사고와 행동이 부적절하고 기괴하다.
- 비현실적이고 와해된 사고, 과대망상 등 조현증과 양극성 장애 관련 증상들이 나타난다.
- 급성 증상인 경우가 많다.

임상에서 자주 나오는 쓰리 코드

임상척도 중 가장 높게 나온 3개의 척도가 모두 해석 가능한 수준(T 65 이상)으로 상승했고, 나머지 척도들과 5점 이상의 점수차이가 난다면 코드타입 해석이 가능하다.

1-2-3

1번, 2번, 3번이 동시에 상승했다는 것은 수검자가 신경증 경향성을 많이 가지고 있음을 의미한다. 이 프로파일을 보이는 사람들은 예민하고 스트레스에 취약하다. 이들은 다양한 종류의 신체화 증상을 호소한다. 하지만 신체화가 만성화되어 있어 고통을 호소하면서도 증상에 이미 익숙해져 있는 경우가 많다.

우울, 무기력, 무망감, 긴장, 초조함, 불안, 긴장의 부정적 정서를 자주 느끼고, 자기 인생이 불행하다고 생각한다. 불평이 많지만 좀처럼 나서서 문제를 해결하려 하지 않는다. 비관적이고 의존적인 삶의 태도를 취하는 편이다.

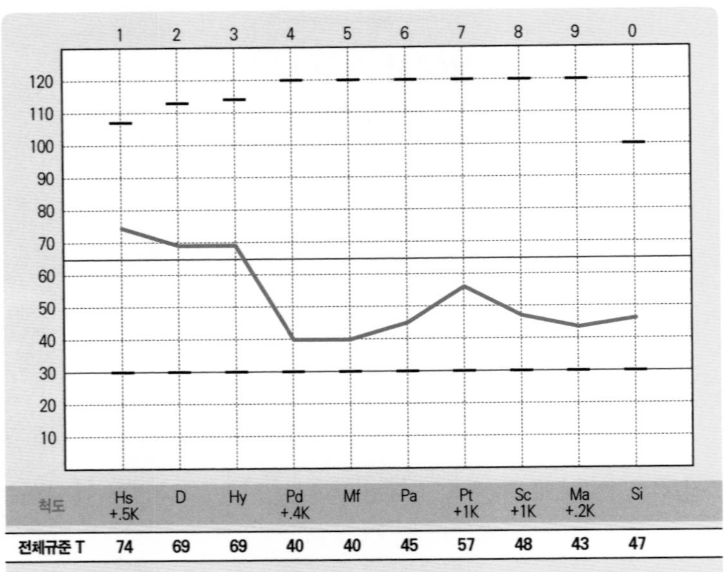

- 다양한 종류의 신체적 증상과 고통을 호소한다.
- 만성피로와 통증을 경험한다.
- 에너지, 흥미, 동기가 저하되어 있다.
- 질병불안장애, 신체증상장애 등 다양한 신체화 관련 증상을 보인다.
- 우울, 무기력, 무망감, 초조함, 불안, 긴장 등의 부정적 정서가 만연하다.
- 자신, 타인, 인생에 대해 비관적 태도를 가지고 있다.
- 타인에게 매우 의존적이다.
- 분노 표현의 방식이 수동 공격적이다.
- 좀처럼 나서서 의견을 표현하거나 무언가를 먼저 주도하지 않는다.

- 신경질, 짜증이 잦다.
- 사람들로부터 정서적 거리를 두는 편이다,
- 증상에 대한 심리적 영향을 부인하고 내면에 대한 통찰력이 낮다.
- 술, 약물 등 즉각적 해결책을 찾는 편으로 심리치료의 예후가 좋지 않다.

1-3-8

급성으로 정신증적 증상이 유발되었거나 조현증, 망상장애, 편집성 또는 경계선 성격 경향을 보이는 수검자들에게 나타나는 프로파일이다.

이들은 신체, 성, 종교에 관련된 비현실적이고 이상한 사고와 행동을 보이는 경향이 있다.

민감하고 초조한 신경증적 경향성과 정신증상이 함께 나타나 상당한 수준의 혼란과 곤란을 경험한다.

주의력, 판단력이 떨어져 있어 일상을 유지하는 데 필요한 기본적인 일들도 어려워한다.

주변의 돌봄과 애정을 추구하는 경향이 있다. 또한 사람들을 의심하면서 두려워해서 대인관계에서 양가적인 모습을 보인다.

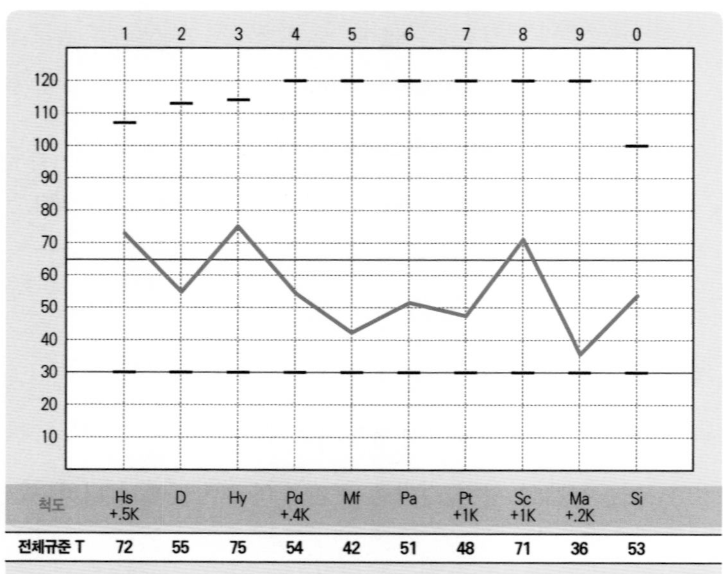

- 기태적인 감각경험, 이상한 신체적 증상을 호소한다.
- 신체적 증상에 몰두하고 집착한다.
- 다양한 영역(특히 신체, 성, 종교)에 대한 망상이 흔히 동반된다.
- 흥분을 잘하고 안절부절못하고 초조하다.
- 우울을 경험한다.
- 의심하고 질투하는 편집성 성격 경향을 보인다.
- 행동과 의사표현이 부적절하고 충동적이다.
- 자살사고, 자살위험의 가능성이 높다.
- 조현증, 망상장애, 편집성 성격장애, 경계선 성격장애가 흔히 나타난다.

1-3-9

1-3-9 코드타입을 보이는 사람들은 기분 변동이 심하고 정서적으로 상당히 불안정하다. 이들은 매사 자신을 드러내고자 하고, 타인으로부터 어떤 종류의 긍정적인 피드백이라도 얻어내려고 애쓴다. 사소한 일에도 크게 반응해 흥분하고 화를 낸다.

좌절을 견디는 힘이 약해 스트레스에 취약하고 다양한 신체적 증상을 호소한다. 분노폭발이 잦고 언어와 행동으로 공격성을 표현하기 때문에 대인관계에서 갈등을 자주 일으킨다.

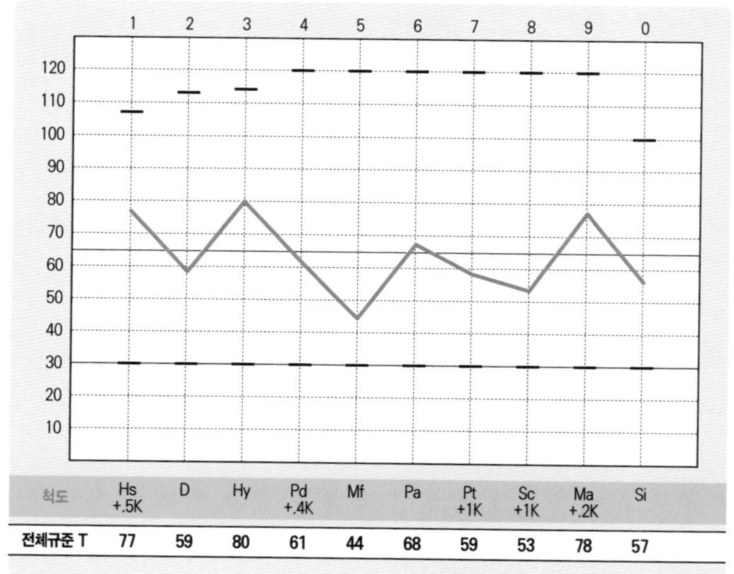

- 다양한 신체적 증상과 고통을 호소한다.
- 타인의 인정을 갈구한다.
- 매사 초조해하고 안절부절못하는 등 정서적으로 매우 불안정하다.
- 쉽게 동요하고 흥분한다.
- 공격적으로 짜증, 신경질, 분노폭발이 잦다.
- 술, 약물, 여타 다른 중독의 위험이 높다.

2-3-7

이 프로파일을 보이는 사람들은 사소한 실수와 비판도 그냥 지나치지 못하고 예민하게 받아들인다. 매사 미리 걱정하고 불안해하므로 쉽게 소진된다.

이들은 다양한 신체적 증상을 호소하는데 특히 만성피로와 두통, 소화기 장애, 근육통 등 신경증적인 증상들을 자주 경험한다.

또한 이들은 대인관계에서 상당히 의존적인 태도를 취한다. 자기 확신이 부족한 면을 타인의 인정과 확신을 통해 채우려는 특징이 있다.

- 다양한 신체적 증상과 고통을 호소한다.
- 좌절과 스트레스에 취약하다.
- 타인에게 의존하는 경향이 강하다.

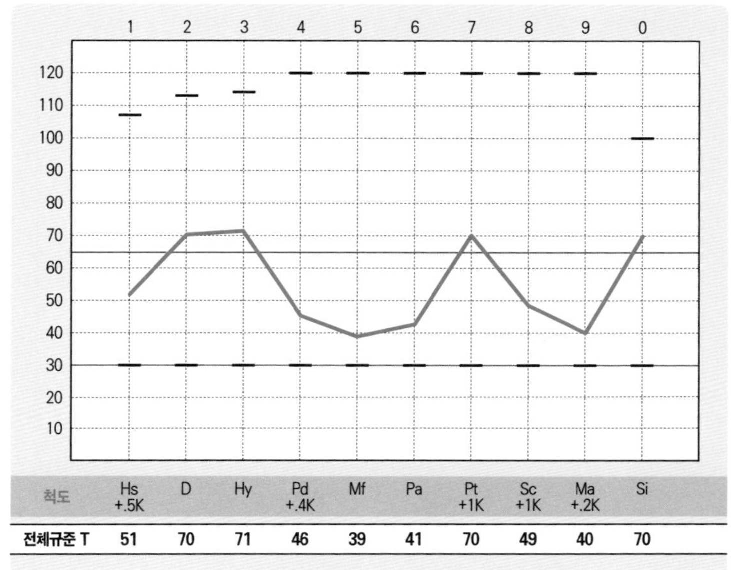

척도	Hs +.5K	D	Hy	Pd +.4K	Mf	Pa	Pt +1K	Sc +1K	Ma +.2K	Si
전체규준 T	51	70	71	46	39	41	70	49	40	70

- 예민하고 쉽게 소진된다.
- 우울, 긴장, 불안을 자주 경험하지만 이러한 심리적 문제를 주로 신체증상으로 호소한다.

2-4-7

이 프로파일을 보이는 사람들은 2-7 코드의 기본적인 경향 위에 수동 공격적인 특징을 보인다. 이들은 상당한 분노와 공격성을 지니고 있지만 이를 직접적으로는 표현하지 않는다.

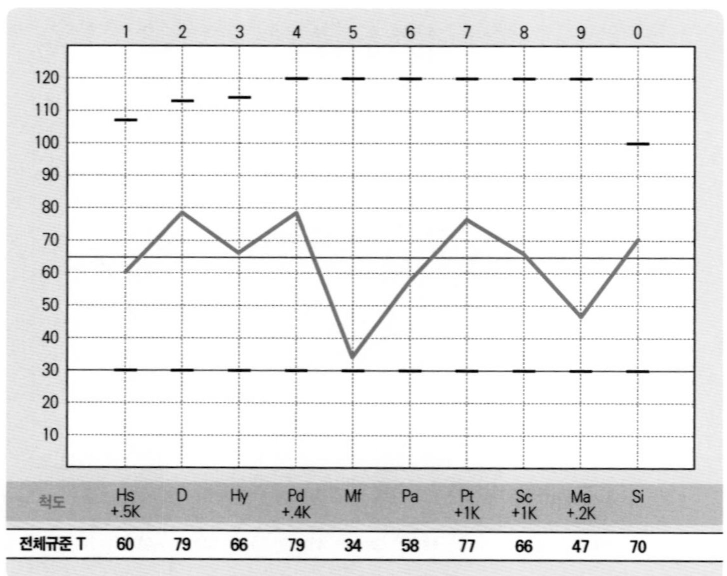

불행하다는 생각을 자주 하고 상당한 수준의 불안, 긴장, 두려움, 분노로 고통스러워한다. 사람들과 함께 있을 때 부적절감을 느끼면서도 의존하는 경향이 있다.

또한 의존하는 대상에게 양가적인 분노와 죄책감을 나타낸다. 감정의 기복이 크고 정서 조절이 취약하다. 이성관계, 성과 관련된 열등감과 부적절함을 보이기도 한다. 심리적 고통을 잊으려고 술, 약물에 의존할 수 있어 중독의 위험이 높다.

- 일상에서 우울, 불안, 긴장, 두려움, 분노의 감정을 자주 경험한다.
- 타인에게 매우 의존적이며 주위 사람들의 지지와 보살핌을 원한다.
- 사소한 자극에도 쉽게 화를 내고 예민하게 반응한다.
- 수동 공격적 특징이 강하다.
- 대인관계에서 갈등(특히 가족, 부부갈등)이 잦다.
- 대인관계에서 의존하면서도 분노하고, 이러한 분노에 대한 죄책감을 나타낸다.
- 열등감을 많이 느끼고 실패에 대한 두려움이 강하다.
- 술, 약물 등에 의존해 정서적 고통을 회피하는 경향이 강하다.
- 의존성 성격 경향이 강하다.

2-7-8

코드타입 중에서도 2-7-8을 보이는 사람들은 증상으로 인한 어려움을 많이 느끼고 고통을 호소한다. 점수가 높을 경우 강박, 완벽주의, 우울장애, 불안장애를 고려해 볼 수 있다. 이들은 생각이 많고 감정 기복이 심하다.

그러나 내향성이 강해 감정을 타인에게 표현하기보다는 혼자서 생각하는 편이다. 기준이 높아 좀처럼 만족감을 느끼지 않는다. 특히 자신에 대한 기준이 높아 사소한 실수에도 자책하고 비난한다.

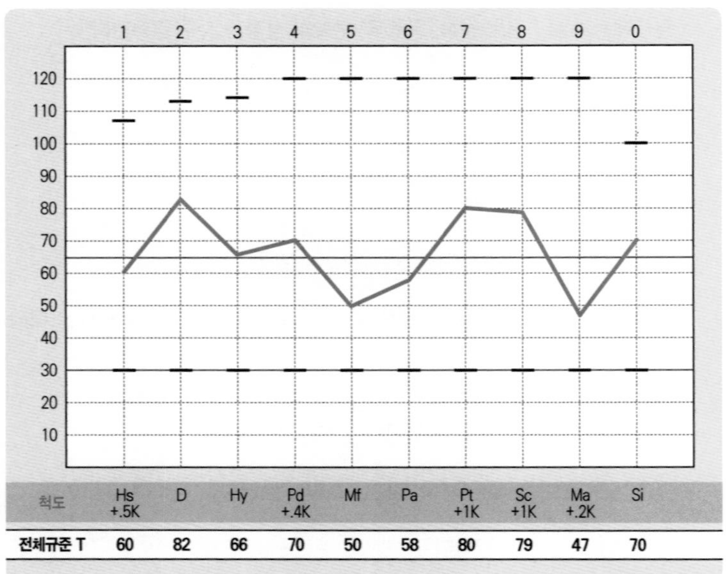

척도	Hs +.5K	D	Hy	Pd +.4K	Mf	Pa	Pt +1K	Sc +1K	Ma +.2K	Si
전체규준 T	60	82	66	70	50	58	80	79	47	70

매사에 긴장, 불안, 초조함을 느끼고 사람들이 자신을 싫어하거나 거절하지 않을까 두려워한다. 자주 위축되고 부적절함을 느끼기 때문에 적응의 어려움을 겪는다.

0번이 함께 상승할 경우 사회적 회피와 공포도 함께 고려해볼 필요가 있다. 자해와 자살사고가 강하므로 적절한 탐색과 개입이 필요하다.

- 사소한 일에도 앞서 걱정하고 염려하기 때문에 일상에 긴장, 불안, 초조한 정서가 만연하다.

- 우울, 기분부전, 무기력, 무망감을 자주 호소하며 자살사고가 강하다.
- 내향적 경향이 강하다.
- 사람들 사이에서 자주 위축된 모습을 보이고 부적절감, 소외감을 많이 느낀다.
- 활동이 제한적이고 사회적으로 철수된 모습을 보인다.
- 좀처럼 나서지 않고 수동적인 편이다.
- 자신에 대한 기준이 높아 때론 완벽주의자와 같은 모습을 보인다.
- 사소한 부분에 강박적으로 집착할 수 있다.
- 사소한 실수에도 스스로를 자책하고 죄책감을 느낀다.
- 8번이 가장 높을 경우 주위집중의 어려움, 판단력의 저하, 사회적 고립감이 심각한 수준일 수 있다. 기괴한 사고나 관계망상과 같은 정신증적 증상이 나타날 수 있다.
- 우울장애, 불안장애 또는 여타 정신증적 증상이 혼재할 수 있으며, 여성의 경우 섭식장애가 동반될 수 있다.

4-6-8

4-6-8을 보이는 사람들은 적대적이고 공격적인 특징이 있다. 이들은 자신의 분노를 투사해 다른 사람들이 자신을 공격한다고 역으로 의심하고 분노한다.

매사 비판하고 따지고 논쟁하려 들기 때문에 친밀한 대인관계

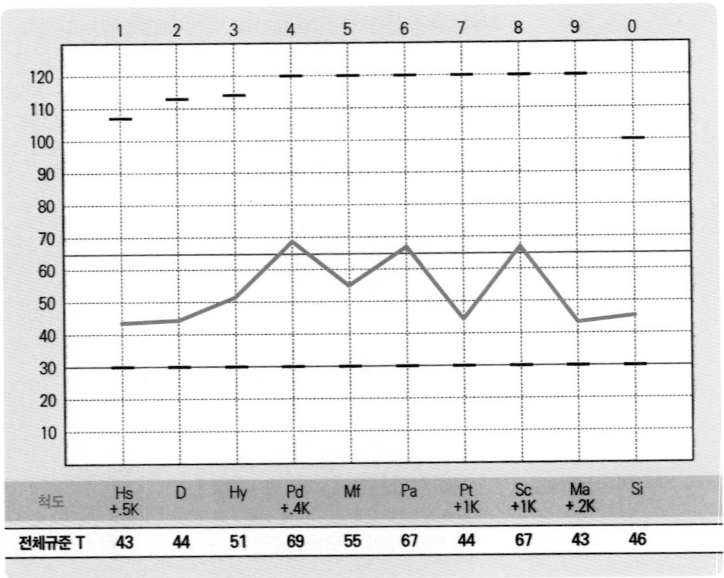

를 형성하기 어렵다. 편집 관련 장애, 조현증, 반사회성 성격 경향의 사람들에게서 자주 나타나는 프로파일이다.

상황과 자신을 객관적으로 성찰하는 능력이 결여되어 있다. 늘 타인의 잘못을 찾아내어 자신의 행동을 합리화하는 경향이 강하다. 과거에 학대를 받았던 가족력이 있는 경우 외상 관련 치료가 필요하다.

- 주관적인 우울감과 불안과 함께 다양한 정신증적 증상이 나타난다.
- 의심이 많아 지나치게 경계하면서도 적대적이고 공격적으로 굴기 때문에

대인관계에서 갈등을 자주 일으킨다.

- 반사회성 또는 편집성 성격 경향이 강하다.
- 투사와 합리화의 방어기제를 주로 사용한다.
- 타인의 행동을 주시하고 사소한 비평에도 예민하게 반응한다.
- 남탓을 자주 한다.
- 비판적이고 논쟁적이다.
- 성적 또는 신체적으로 학대를 받았던 경험이 있는 경우 나타날 가능성이 있는 프로파일이다.
- 조현증, 망상장애, 편집성 성격장애, 반사회성 성격장애가 동반된다.

4-7-8

4-7을 보이는 사람들에게 나타나는 '충동적 분노표출 → 자책감 → 분노통제 → 분노폭발'의 패턴이 4-7-8 코드타입에도 동일하게 나타난다.

하지만 8번의 상승으로 다양한 정신증적 증상과 사회적 소외가 동반된다.

이들은 늘 긴장되어 있는데 내면의 긴장도가 가득차면 주기적으로 이를 폭발시킨다. 특히 자기 파괴적인 행동, 충동적 자해, 자살의 위험이 높으므로 주의할 필요가 있다.

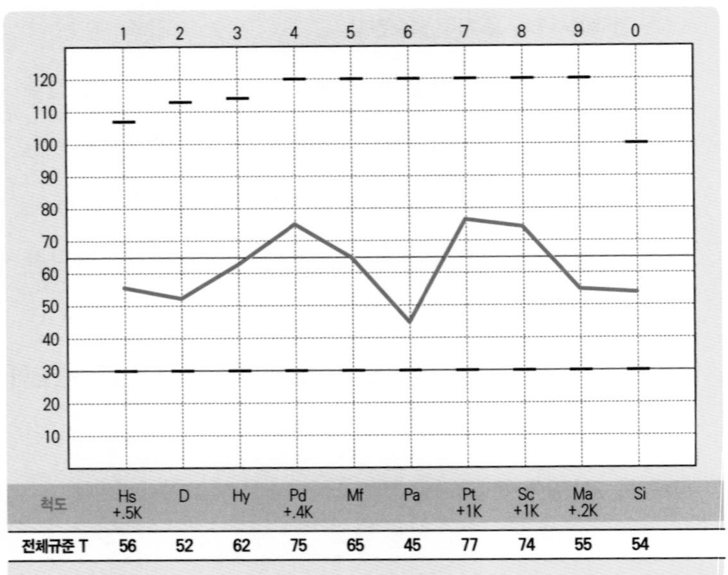

- 주관적 우울감과 긴장된 정서와 함께 다양한 정신증적 증상이 나타난다.
- 망상, 환각, 기태적인 감각 경험의 가능성이 크다.
- 판단력, 지남력, 현실 검증력이 저하되어 있다.
- 충동적 자해, 자살의 위험이 있다.
- 타인에게 의지하고 싶어 하면서도 의심하는 양가적 태도를 취한다.

6-7-8

6번, 7번, 8번이 모두 높이 상승했다는 것은 수검자가 심각한 정신증적 증상을 경험하고 있음을 의미한다. 다양한 증상의 환각, 망상, 와해되고 부적절한 사고, 언어, 행동을 보일 수 있다.

정신증적 증상이 만성화되어 있는 경우가 많아 별다른 불편함을 호소하지 않을 수도 있다.

이들은 정서가 단조롭고 둔화되어 있고 같이 있어도 멀리 떨어져 있는 듯한 느낌을 준다. 오랜 증상으로 사회적으로 고립된 채 살아가는 사람들이 많다.

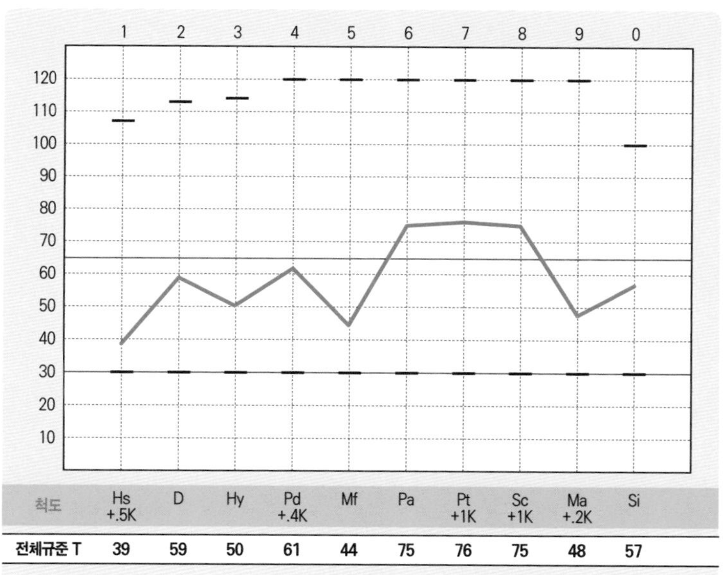

척도	Hs +.5K	D	Hy	Pd +.4K	Mf	Pa	Pt +1K	Sc +1K	Ma +.2K	Si
전체규준 T	**39**	**59**	**50**	**61**	**44**	**75**	**76**	**75**	**48**	**57**

이들이 보이는 편집적 경향은 타인으로부터 자신을 지키기 위해 의심하고 경계하는 회피의 특성이 강하다.

만성화된 조현증을 지닌 사람들에게 자주 나타나는 프로파일이다.

- 망상, 환각 등 심각한 정신증적 증상이 나타난다.
- 편집증적 성격 경향이 강해 타인에 대한 의심이 많고 매우 경계한다.
- 관계적 사고, 관계망상, 피해망상이 흔하게 나타난다.
- 증상이 만성화된 경우가 많기 때문에 심각한 병리에도 불구하고 어려움을 크게 호소하지 않는다.
- 의사표현이 부적절하고 감정이 둔화되어 있다.
- 주의집중력, 판단력이 저하되어 있다.
- 사람들로부터 떨어져 고립되어 있다.

여기까지 왔다면 MMPI에 대해 많은 내용을 알게 되었을 것이다. MMPI에는 타당도 척도와 10개의 주요 임상척도 외에도 다양한 종류의 척도가 있다. 5장에서는 지금까지 나오지 않은 나머지 임상척도에 대해 공부할 것이다. 기타 임상척도로는 10개의 재구성(RC)척도, 5개의 성격병리 5요인 척도, 15개의 내용척도, 15개의 보충척도가 있다. 기타 임상척도는 각각 해석하기보다는 주요 임상척도와의 관계성을 통해 해석하는 것이 좋다.

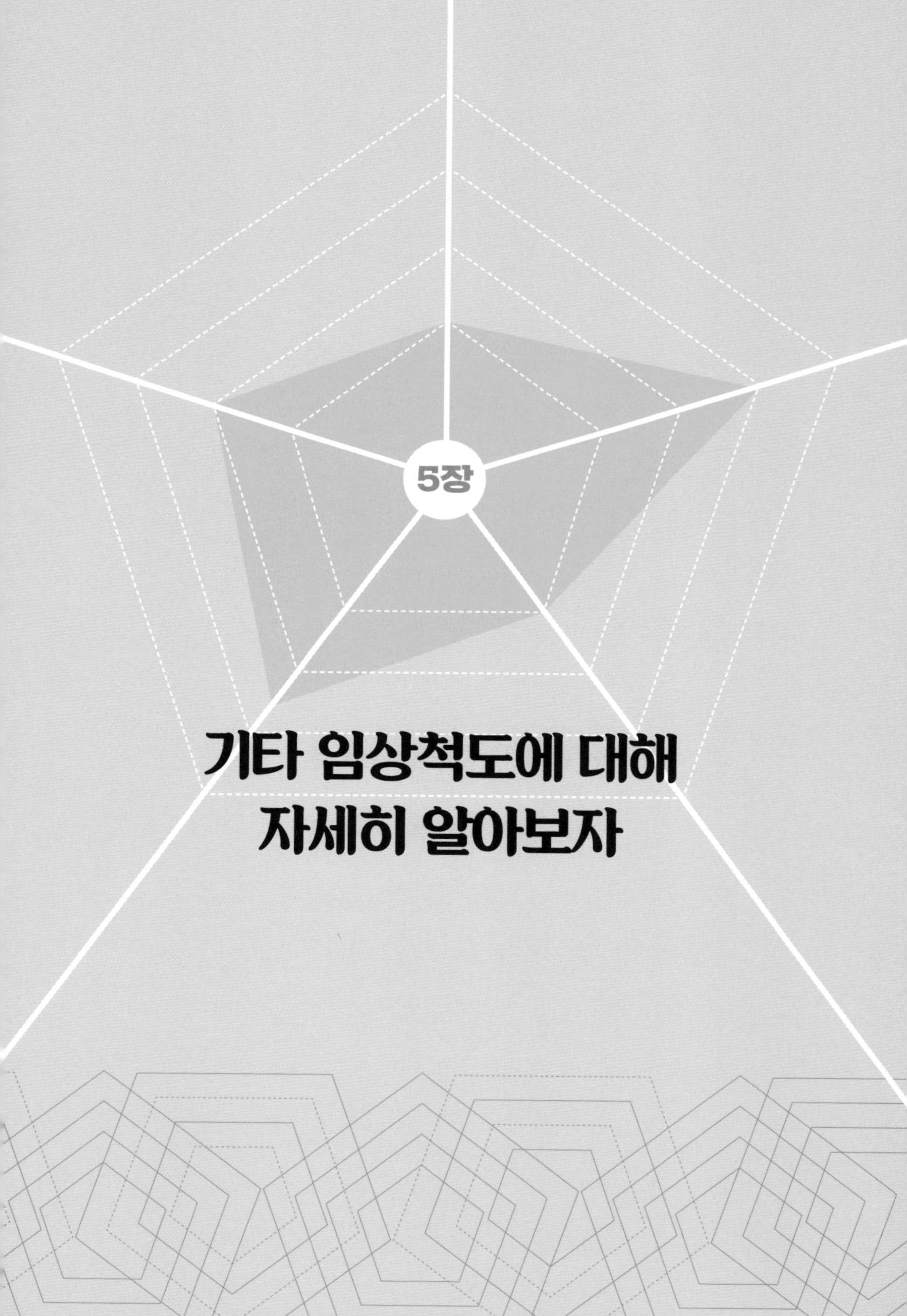

5장

기타 임상척도에 대해 자세히 알아보자

재구성 임상척도란 무엇인가?

재구성 임상척도는 RC로 시작한다고 해서 간편하게 RC척도라고도 부른다. RC척도는 이러한 임상척도의 대표성 문제를 보완하기 위해 만들어졌다.

재구성 임상척도는 RC로 시작한다고 해서 간편하게 RC척도라고도 부른다. 앞서 살펴본 임상척도들은 해당 척도가 높을 경우 수검자가 특정한 증상을 가지고 있다고 예측하기 위해 만들어졌다.

그렇지만 실제 검사를 해보면 해당 척도가 높아도 척도가 말하는 특정 증상과 진단을 보이지 않는 경우들이 있다.

예를 들어 2번 척도와 관련된 문항들이 일반적인 정서적 고통, 불안, 불행감, 의기소침함 등을 함께 재고 있기 때문에 2번 척도(D)가 높다고 해서 수검자가 우울장애가 있다거나 우울한 성격 구조를 가지고 있다고 확언할 수 없다.

다른 척도도 마찬가지다. 4번 척도가 반사회적인 행동만을 단일하게 측정하지 않으므로 이 척도에서 높은 점수를 받았다고 해서 수검자가 높은 반사회성을 가지고 있다고 단언할 수 없다.

RC척도는 이러한 임상척도의 대표성 문제를 보완하기 위해 만들어졌다. RC1부터 RC9까지의 재구성 임상척도는 각 번호에 상응하는 임상척도가 나타내는 대표적이고 핵심적인 특징을 측정한다.

RC2가 나타내는 '긍정적 정서 경험의 결여'는 우울장애의 핵심적 특징이므로 2번 척도와 함께 RC2도 상승했다면, 수검자의 우울 성격의 특징이 보다 명확하게 확인된다.

거듭 말했듯이 임상척도 중 5번(Mf)과 0번(Si)은 해당되는 특정 진단이 없으므로 RC척도도 없다.

이렇게 RC1, RC2, RC3, RC4, RC6, RC7, RC8, RC9 척도에 일반적이고 주관적인 불편감을 재는 RCd까지 포함해 9개의 RC척도가 있다.

RC척도는 T-65 이상일 경우 해석하며 RC6과 RC8을 제외하고는 낮은 점수도 해석할 수 있다. RC6과 RC8의 점수가 낮다면 해당 증상이 보고되지 않은 것으로 해석한다.

재구성 척도의 종류와 내용

RC척도	약어(영문명)	이름	내용
RCd	dem (demoralization)	의기소침	전반적인 불행감과 불만족감
RC1	som (somatic complaints)	신체증상 호소	다양한 신체증상을 호소함
RC2	lpe (low positive emotion)	낮은 긍정정서	긍정적 정서(즐거움, 기쁨 등)의 결여
RC3	cyn (cynicism)	냉소적 태도	타인에 대한 냉소적 신념, 불신을 보고함 주의) RC3은 점수가 낮을 경우 3번 척도(Hy)의 '부정정서를 부인하고 타인에 대한 지나치게 낙관적인 태도'를 반영함**
RC4	asb (antisocial behavior)	반사회적 행동	다양한 반사회적 행동을 보고함
RC6	per (ideas of persecution)	피해의식	타인에게 피해(학대, 이용, 착취 포함)를 당하고 있다는 피해적 사고를 보고함
RC7	dne (dysfunctional negative emotions)	역기능적 부정정서	다양한 부정적 정서(불안, 분노, 공포, 죄책감, 긴장 등)를 경험함
RC8	abx (aberrent experiences)	기태적 경험	비현실적이고 특이한 경험(생각, 감각, 지각 포함)을 보고함
RC9	hpm (hypomatic activation)	경조증적 상태	과잉 활동성과 다양한 경조증적인 특성(행동, 정서, 인지, 태도 등)을 보고함

재구성 임상척도 점수별 해석

높은 RCd (T-65 이상)	낮은 RCd (T-39 미만)
- T-80 이상일 경우 상당한 정서적 혼란과 고통을 경험하고 있음. - 매우 불행하고, 의기소침하며 슬프다고 느낌 - 일상의 문제에 압도당하고 있으며, 스스로 대처할 수 없다고 여김 - 자기 삶이 불만족스러우며 앞으로도 나아질 수 없다고 비관적으로 여김	- 자기 삶에 대한 낙관성, 만족감이 있음 - 문제 대처의 자신감이 있음

높은 RC1 (T-65 이상)	낮은 RC1(T-39 미만)
- T-80이상일 경우 상당한 신체적 고통의 호소와 증상에 대한 몰두가 나타남. - 신체증상과 신체와 관련된 염려를 호소함(만성 통증, 두통, 소화기능, 신경기능 등)	신체적으로 건강하다고 보고함

높은 RC2 (T-65 이상)	낮은 RC2(T-39 미만)
- 즐거움, 기쁨, 만족과 같은 긍정적 정서를 느끼지 못함 - 낮은 수준의 에너지, 흥미, 욕구, 동기 수준을 보임 - 무감동, 무쾌감, 무기력함	- 즐거움, 기쁨, 만족과 같은 긍정적 정서를 자주 느낌 - 높은 수준의 에너지, 흥미, 욕구, 동기 수준을 보임

높은 RC3 (T-65 이상)	낮은 RC3 (T-39 미만)
- 타인에 대한 냉소적인 신념을 보임(사람들은 이기적이다, 타인은 믿을 수 없다 등)	- 타인에 대한 지나친 낙관적인 신념을 보임 - 타인에 대한 부정적 정서와 평가를 부인함

높은 RC4 (T-65 이상)	낮은 RC4 (T-39 미만)
- 법과 규칙의 위반, 비행행동, 사기, 거짓말, 물질남용 등 다양한 반사회적 행동을 보고함 - 대인관계(가족, 사회생활)에서 적대적, 공격적으로 행동함 - 지속적으로 대인관계 갈등을 일으킴	- 법과 규칙을 준수함 - 반사회적인 행동을 거의 보고하지 않음

높은 RC6 (T-65 이상)	낮은 RC6 (T-39 미만)
- T-80 이상일 경우 심각한 수준의 정신증적 증상(피해망상, 조종망상, 관계적 사고 등) 의심됨 - 타인에게 피해(학대, 이용, 착취 포함)를 당하고 있다는 피해적 사고를 보고함	해석 없음

높은 RC7 (T-65 이상)	낮은 RC7 (T-39 미만)
- 불안, 분노, 공포, 죄책감 등 부정적 정서를 자주 느낌 - 성마름, 신경질, 짜증, 긴장, 초조함 등 불안정한 정서가 만연함 - 걱정이 많고 지나치게 예민함	- 부정적 정서를 거의 느끼지 않음 - 외부 자극에 영향을 적게 받고 문제 대처에 자신감이 있음

높은 RC8 (T-65 이상)	낮은 RC8 (T-39 미만)
- 비현실적이고 특이한 경험을 보고함 - 환각, 망상, 기타 다양한 사고와 감각의 이상을 보고함	해석 없음

높은 RC9 (T-65 이상)	낮은 RC9 (T-39 미만)
- 활동과 에너지 수준이 지나치게 높음 - 다양한 경조증적인 특성을 보고함 (사고의 비약, 과대자기, 공격성, 수면의 감소, 말의 증가, 흥분 추구, 분노폭발 등)	- 활동성과 에너지 수준이 낮다

임상척도와 재구성 임상척도의 비교

임상척도

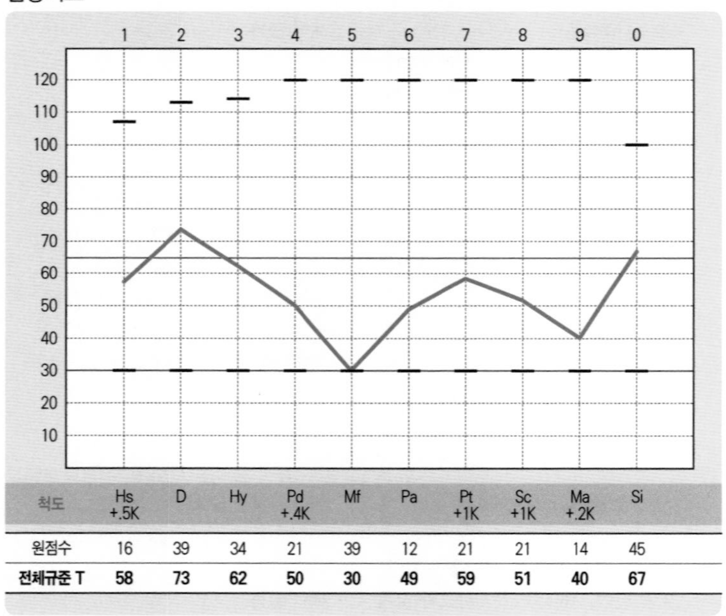

척도	Hs +.5K	D	Hy	Pd +.4K	Mf	Pa	Pt +1K	Sc +1K	Ma +.2K	Si
원점수	16	39	34	21	39	12	21	21	14	45
전체규준 T	**58**	**73**	**62**	**50**	**30**	**49**	**59**	**51**	**40**	**67**

재구성 임상척도

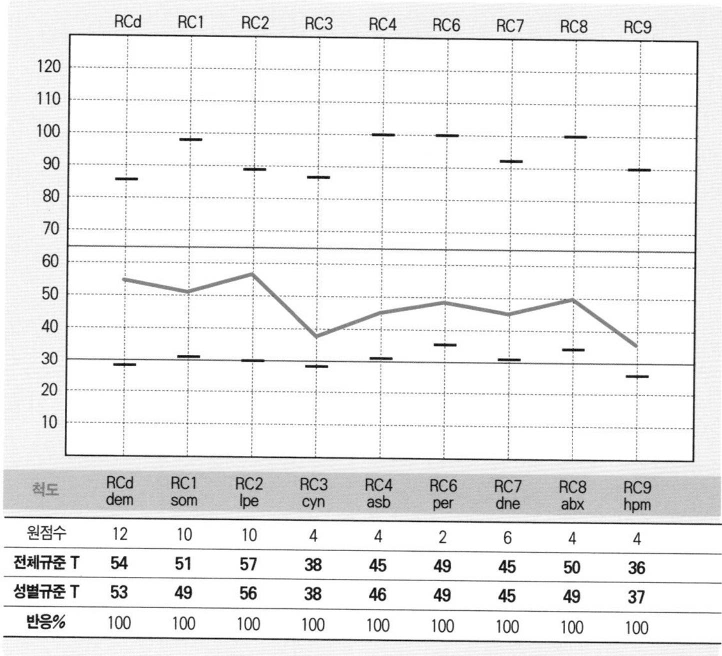

척도	RCd dem	RC1 som	RC2 lpe	RC3 cyn	RC4 asb	RC6 per	RC7 dne	RC8 abx	RC9 hpm
원점수	12	10	10	4	4	2	6	4	4
전체규준 T	**54**	**51**	**57**	**38**	**45**	**49**	**45**	**50**	**36**
성별규준 T	**53**	**49**	**56**	**38**	**46**	**49**	**45**	**49**	**37**
반응%	100	100	100	100	100	100	100	100	100

50대 여성의 검사결과다. 좌측 임상척도에서 2번(D)이 주요하게 상승해 현재 상당한 수준의 우울감을 보고하고 있다. 이에 비해 재구성 임상척도에서는 RCd와 RC2가 경미한 수준에 그쳤다.

대신 RC3이 T 38로 살펴볼 만한 점수다. 이를 통해 수검자가 보고하는 우울한 정서가 '즐거움, 기쁨, 만족감의 결여(RC2)'보다는 '지나치게 억압하고 부정(RC3)'하는 특성과 연관이 있을 것이라는 가설을 세울 수 있다.

0번(Si)을 통해 확인되는 내향적 태도, 불편함이 있어도 억압하고 우회적으로 표현하는 의사소통방식(Hy=62, Mf=30)이 가설을 지지해준다.

성격병리 5요인 척도란 무엇인가?

성격 5요인 모델은 신경증(N), 외향성(E), 개방성(O), 친화성(A), 성실성(C)의 5가지 특징을 성격의 기본 축으로 구성했다. NEO 인성검사는 5요인 모델을 활용한 검사다.

성격병리 5요인 척도는 'PSY 5 척도'라고 부른다. 정신건강과 관련이 깊은 성격의 특성을 밝히려는 노력은 수많은 연구자들의 관심을 받아왔다. '성격 5요인 모델(five factor model, Costa & McCrae)'은 아마도 가장 널리 알려진 이론일 것이다.

성격 5요인 모델은 신경증(N), 외향성(E), 개방성(O), 친화성(A), 성실성(C)의 5가지 특징을 성격의 기본 축으로 구성했다. NEO 인성검사는 5요인 모델을 활용한 검사다.

MMPI-2 역시 수검자의 성격 특징을 측정하기 위해 5가지 기본 성격특징을 구성했다.

공격성, 정신증, 통제결여, 부정적 정서증·신경증, 내향성·낮은 긍정적 정서성. MMPI-2의 'PSY 5 척도'는 성격 5요인 모델과는 유사하지만 보다 임상적인 특징을 포함하고 있다. T-65점 이상일 경우 수검자가 해당 성격의 경향을 높게 가지고 있다고 해석한다.

성격병리 5요인 척도의 종류와 내용

PSY 5 척도	내용
AGGR 공격성	- 공격성이 강하다(언어, 신체 포함). - 타인을 지배하고 통제하려 한다. - 타인에게 폭력, 위협, 공격을 가한다. - 학교폭력, 가정폭력의 이력이 있거나 체포된 경우가 있다. - 목표와 이익을 얻기 위해 공격적으로 행동한다.
PSYC 정신증	- 현실과 단절된 경험을 한다. - 독특하고 이상한 신념, 지각, 경험을 가진다. - 사고가 기괴하고 혼란스럽다. - 친구가 거의 없고 사회적으로 소외되어 있다. - 비현실적인 위험을 예상한다. - 관계사고, 망상을 경험한다.
DISC 통제결여	- 충동적이다. - 자신의 행동을 통제하지 못한다. - 쉽게 지루해하며 감각적 흥분을 추구한다. - 신체적으로 위험한 일도 기꺼이 가담한다. - 규칙, 윤리적 규제에 관심이 적다. - 약물 남용, 중독, 비행 등의 문제로 법적인 제지를 받거나 체포된 경험이 있다. - 낮은 점수(T 40 이하)일 경우 관습적이고 자기 통제력이 강한 것으로 본다.

NEGE 부정적 정서성	- 부정적인 정보, 사건에 초점을 맞춘다. - 부정적 정서(불안, 분노, 불만족, 불쾌, 우울, 두려움, 죄책감 등)를 자주 느낀다. - 사소한 일에도 걱정하며 초조해한다. - 사소한 실수에도 반추하고 자신을 과도하게 비판한다. - 상황, 미래에 대해 비관적이며 최악을 자주 상상한다. - 성취하고자 하는 욕구가 낮다. - 친구가 소수이거나 거의 없다. - 무기력하고 의존적이다.
INTR 내향성	- 즐겁고 유쾌한 감정을 거의 경험하지 못한다. - 사회적으로 내향적이다(사회 상황에서 자주 불편함, 당혹감을 느낀다). - 자주 슬프고 우울하다. - 걱정이 많고 불안하다. - 비관적이다. - 신체 증상을 자주 보고한다. - 에너지 수준이 낮고 성취하고자 하는 욕구가 낮다. 낮은 점수(T 39 미만)일 경우 긍정정서를 자주 느끼며 사교적인 것으로 본다.

내용척도란 무엇인가?

15개의 내용척도는 불안, 공포, 강박성, 우울, 건강염려, 기태적 정신상태, 분노, 냉소적 태도, 반사회적 특성, A유형 행동, 낮은 자존감, 사회적 불편감, 가정문제, 직업적 곤란, 부정적 치료지표를 측정한다.

내용척도라는 이름으로 15개의 척도가 존재한다. 내용척도는 점수가 T 65점 이상일 때 해석 가능하다. 대부분의 내용척도는 비슷한 하위문항으로 유목화된 소척도를 가지고 있다.

예를 들어 'A유형 성격(type A personality)'의 경향성을 나타내는 TPA의 경우 조급함을 재는 TPA1과 경쟁욕구를 재는 TPA2로 나누어져 있다. 소척도는 모척도가 T 60점 이상으로 상승한 상황에서 소척도도 T 65점 이상으로 높을 때만 해석한다.

내용척도의 종류와 내용

내용척도	내용 소척도	내용
ANX 불안	없음	불안, 걱정, 근심, 긴장으로 인한 불안정한 정서와 과민성, 슬프고 불행하며 압도되는 느낌, 불안으로 인한 수면 곤란, 신체적·강박적 증상
FRS 공포	FRS1 일반화된 공포 FRS2 특정 공포	FRS1 전반적인 공포와 두려움, 위험에 대한 과민한 감지 FRS2 특정한 대상(동물, 피, 감염, 장소 등)에 대한 공포와 두려움
OBS 강박성	없음	의사결정의 어려움, 변화에 대한 두려움, 침투적 사고, 경직성, 자책과 자기비하, 긴장되고 초조한 정서, 수면 곤란, 기타 강박적 증상
DEP 우울	DEP1 동기 결여 DEP2 기분 부전 DEP3 자기 비하 DEP4 자살 사고	DEP1 동기·욕구·흥미의 결여, 희망이 없는 느낌 DEP2 슬픔·우울·절망·침울한 기분 DEP3 부적절감·무가치함·죄책감·무력함, 부정적 자기 인식 DEP4 자살사고의 보고
HEA 건강염려	HEA1 소화기 증상 HEA2 신경학적 증상 HEA3 일반적인 건강염려	HEA1 소화기 계통 증상의 호소(소화불량, 구토, 매스꺼움, 위통 등) HEA2 신경학적 증상의 호소(어지러움, 마비, 경련 등) HEA3 건강에 대한 몰두와 염려, 신체 증상의 호소, 수면 곤란
BIZ 기태적 정신상태	BIZ1 정신증적 증상 BIZ2 분열형 성격특성	BIZ1 환각, 망상 등 명백한 정신증적 증상 보고 BIZ2 비현실적이고 기이한 사고, 감각경험 보고
ANG 분노	ANG1 폭발적 행동 ANG2 성마름	ANG1 타인에게 해를 끼치는 폭발적인 행동, 분노 통제의 어려움, 언어 또는 행동을 통한 분노폭발 ANG2 성마름, 짜증, 잦은 논쟁과 불평, 참을성 부족

CYN 냉소적 태도	CYN1 염세적 신념 CYN2 대인 의심	CYN1 타인에 대한 염세적 신념("사람들은 믿을 수 없다" "사람들은 이기적이다" 등) CYN2 타인의 동기를 의심하고 경계함
ASP 반사회적 특성	ASP1 반사회적 태도 ASP2 반사회적 행동	ASP1 법과 권위를 준수하지 않는 태도와 비도덕적 신념을 보고 ASP2 법적 문제(체포, 절도, 사기 등), 학교 문제(비행, 퇴학, 정학, 학교폭력 등), 물질남용의 이력
TPA A 유형 행동	TPA1 조급함 TPA2 경쟁 욕구	TPA1 시간, 일, 타인에 대한 조급함, 잦은 짜증, 참을성의 부족 TPA2 경쟁적, 적대적, 성공과 비교우위에 서려는 욕구
LSE 낮은 자존감	LSE1 자기 회의 LSE2 순종성	LSE1 자신에 대한 부정적인 태도, 부적절감 LSE2 수동적, 순응적, 의존적, 책임 회피
SOD 사회적 불편감	SOD1 내향성 SOD2 수줍음	SOD1 혼자 있기를 선호함, 사회적·정서적 거리두기 SOD2 사회적 불편함, 새로운 사람과 상황이 불편함
FAM 가정 문제	FAM1 가정 불화 FAM2 가족내 소외	FAM1 가족 갈등과 불화의 이력, 가족에 대한 부정적 견해 FAM2 가족으로부터 지지, 이해를 받지 못했다는 느낌
WRK 직업적 곤란	없음	일·업무를 효율적으로 수행하고 집중하기 어려움, 문제 대처의 어려움, 직업에 대한 회의, 낮은 성취욕구, 자신감 부족, 직업과 동료에 대한 부정적 태도, 낮은 에너지
TRT 부정적 치료지표	TRT1 낮은 동기 TRT2 낮은 자기개방	TRT1 문제해결에 대한 동기가 낮고 변할 수 없을 것이라 믿음 TRT2 자신의 문제, 마음, 정보를 말하기 꺼려함, 자기개방을 불편해함

* A유형 성격 (type A personality): 성급하고 경쟁적이며 성취 지향적인 특징으로 심장병 및 여러 스트레스 관련 질병과 상관이 높은 성격 특성으로 알려져 있다.

보충척도란 어떤 것인가?

15개의 보충척도는 불안, 억압, 자아강도, 지배성, 사회적 책임감, 대학생활 부적응, 외상 후 스트레스, 결혼생활 부적응, 적대감, 적대감 과잉통제, 알코올 중독(3종), 남성적·여성적 성역할을 측정한다.

MMPI-2 결과지의 마지막 프로파일 그래프가 보충척도다. 15개의 보충척도가 있는데 각각의 보충척도는 수검자의 다양한 특성을 측정한다.

그 중 A(불안) 또는 R(억압)처럼 다른 척도와 비슷하게 반복되는 내용이 있는가 하면, Es(자아강도)나 Re(사회적 책임감)와 같이 비교적 새로운 내용으로 구성된 척도도 있다.

다양한 내용으로 구성되어 있는 만큼 보충척도를 잘 살펴보면 수검자에 대한 많은 정보를 얻을 수 있다.

매뉴얼은 T 65점 이상을 높은 점수로 규정하고 있다. 보충척도는 뚜렷한 절단점은 없지만 일반적으로 점수가 T 60~65점 이상으로 높을 때 수검자가 해당 특성을 강하게 가지고 있다고 해석한다.

Es(자아강도) 척도는 낮은 점수도 해석할 수 있으며, MAC-R(MacAndrew의 알코올 중독)은 원점수(28점)를 기준으로 해석한다.

보충척도의 종류와 내용

보충척도	내용
A 불안	전반적인 심리적 부적응을 예측하는 지표, 불안·불쾌감·불행감·우울감·무능감, 신체적 호소, 사회적 불편감, 자신감의 부족, 부정적이고 비관적 태도, 방어적이고 억제적임, 속도가 느림, 문제해결과 대처의 비효율성, 순응적이고 의존적, 자살사고 가능성
R 억압	정서 또는 자극을 억제하고 통제하는 경향, 내향적, 내재화 경향, 조심스러움, 관습을 잘 따름, 회피적, 수동적, 속도가 느림, 좀처럼 흥분하지 않음, 신체적 호소
Es 자아강도	전반적인 심리적 적응을 예측하는 지표, 정서적으로 안정됨, 심각한 증상이 덜하거나 좌절이나 문제에 적절히 대처할 수 있음, 자신감, 에너지가 넘침, 사람들과 잘 지냄, 높은 성취 욕구(단, Es가 지나치게 상승된 경우 수검자가 자신을 좋게 보이려 방어적으로 응답했는지 확인할 것) 낮은 점수(T 40 미만)일 경우 심리적 적응과 예후가 좋지 않고, 문제 대처의 자원이 부족한 것으로 본다.
Do 지배성	자신감이 강함(특히 대인관계에 자신감을 보임), 침착함, 낙관적, 성취지향적, 단도직입적, 자제력이 강함, 부정적 감정(불안, 우울, 두려움, 죄책감 등)을 덜 느낌, 사회적 영향력과 책임감을 편안해함

Re 사회적 책임감	사회정의·윤리와 도덕적인 문제에 관심이 많음, 성실함, 규율과 관습을 잘 따름, 안정적이고 신뢰로움, 솔직함, 자신감이 있음, 자신의 역할과 책임을 중요시함, 자신에 대한 높은 기준, 부정적 감정(불안, 우울, 두려움, 죄책감 등)을 덜 느낌
Mt 대학생활 부적응	비효율·비능률적, 불안한 정서, 꾸물거림, 비관적임, 신체적 증상의 호소, 삶이 힘겹고 스트레스가 많다고 여김(Mt가 높을수록 심리적으로 부적응할 것으로 예측하나 대학생에게만 제한적으로 적용할 것)
PK 외상후 스트레스장애	극심한 정서적 고통의 호소(불안, 우울, 죄책감, 두려움), 수면 곤란, 침투적이고 혼란스러운 사고, 통제력 상실의 두려움, 오해나 학대를 받은 것처럼 느낌
MDS 결혼생활 부적응	부부관계(또는 가까운 대인관계)에서 불만족과 갈등을 경험함, 삶이 힘겹고 실패한 것 같은 느낌, 정서적 고통(우울, 분노, 불안 등), 거절감
Ho 적대감	냉소적, 타인을 믿지 못하고 의심함, 적대적, 남탓을 자주함, 부정적 감정을 자주 느낌, 건강의 문제가 생길 가능성이 높음, 심리적 적응상태가 좋지 않음
O-H 적대감 과잉통제	분노의 감정을 억압하고 좀처럼 표현하지 않음, 사소하거나 부적절한 자극에 분노를 공격적으로 표현할 수 있음, 자기 비난적, 문제를 부인함
MAC-R MacAndrew의 알코올 중독	물질남용의 가능성이 있음(단, 실제 여부는 확언할 수 없음), 활발하고 대담함, 자극·위험 추구경향 높음, 높은 자신감, 공격적이고 경쟁적임, 자기를 주장하고 과시하기를 즐김, 반사회적 경향(원점수 28점 이상을 높은 점수로 봄)
AAS 중독 인정	물질남용의 문제를 인정함, 충동적, 가족 문제의 보고, 행동화 경향성 및 이로 인해 문제를 일으킨 경험의 보고(T 60 이상을 높은 점수로 봄)

APS 중독 가능성	물질남용의 가능성이 있음(단, 실제 여부는 확언할 수 없음), 반사회적 경향(T 60 이상을 높은 점수로 봄)
GM 남성적 성역할	전형적으로 남성적인 활동에 대한 흥미가 높음, 두려움·불안·신체적 증상을 부인함, 자신감 있음, 목표지향적임, 끈기 있음
GF 여성적 성역할	전형적으로 여성적인 활동에 대한 흥미가 높음, 반사회적 행동을 부인함, 감수성이 높고 예민함, 갈등을 회피함, 순응적임

6장에서는 앞서 익힌 지식을 기반으로 MMPI 결과지를 해석하는 방법을 배울 것이다. 처음 검사를 해본 사람이라면 두껍게 출력되어 나오는 결과지에 놀랄 것이다. 그러나 압도되지 말자. 심리검사는 언제나 사람으로부터 시작하고 사람으로 끝난다. 검사 역시 사람을 이해하는 작업이므로 완벽한 해석이란 불가능하다. 6장에 제시한 '해석의 틀'을 따라 수검자와 함께 그림을 맞춰나간다고 생각하는 게 도움이 될 것이다.

6장

MMPI 프로파일, 어떻게 해석할 것인가?

MMPI 프로파일 해석하기_ 무엇을 먼저 읽을 것인가?

결과를 해석할 때 여러 사항들을 순서대로 점검할 수 있는 해석적 틀이 있으면 유용하다. 처음부터 순서에 따라 해석하는 과정을 거치다보면 언젠가 이 틀이 마음속에서 자동적으로 작동될 것이다.

처음 MMPI를 접하는 사람들은 방대한 양의 결과지를 어디서부터 어떻게 해석해야 할지 난감할 것이다. 검사를 해석하는 과정은 백지에 수검자에 대한 그림을 그리는 것과 같다. 가장 먼저는 타당도를 확인해야 한다.

타당도를 통해 이 종이에 그림을 그릴지 말지를 선택한 후, 그림을 그릴 재료로 쓰일만한 척도들을 모으는 작업이 필요하다. 주요하게 살펴볼 척도가 아무리 많더라도 해석자가 해석의 틀을 가지고 있다면 척도들을 분류해낼 수 있다.

예를 들어 0번(Si)과 Si1, Si2가 매우 높게 상승한 상황에서 NEGE, INTR, SOD, R가 함께 상승했다면 수검자는 기본적으로

기본 정보 확인하기	수검자의 기본정보 확인하기 수검이유 확인하기
타당도 확인하기	프로파일을 해석할 것인지 **판단하기** 수검 태도 확인하기
상승된 척도 확인하기	10개 임상척도 살펴보기 유의하게 상승된 척도를 **모두 모으기** 비슷한 유형으로 분류하기
코드타입 확인하기	임상척도가 코드타입으로 **묶이는지 확인**하기
결정적 문항 확인하기	무응답 문항 확인하기 결정적 문항 확인하기
연관된 척도를 종합해 해석	내방 당시 호소했던 문제는? 정서적 불편감과 고통의 정도는? 검사를 통해 확인되는 증상은? 수검자의 현재 기능수준은? 수검자의 성격의 경향은? 수검자의 문제해결 전략은? 수검자의 주요 방어기제는? 수검자의 자원은? 추후 치료를 위한 제언은?

내향적인 성향으로 여러 사람과 함께 있는 사회적 상황에서 자주 수줍고 불편함을 느끼고, 상황적 자극에 민감한 사람임을 예측할 수 있다.

해석자가 해야 할 일은 '대인관계'라는 분류 기준을 세워놓고 해석이 비슷한 척도들을 추려내는 일이다.

결과를 해석할 때 여러 사항들을 순서대로 점검할 수 있는 해석적 틀이 있으면 유용하다. 아래는 이 책에서 제시하는 해석적 틀의 예시다. 처음부터 순서에 따라 해석하는 연습 과정을 거치다보면 언젠가 이 틀이 마음속에서 자동적으로 작동될 것이다.

1단계_기본 정보 확인하기

서류와 인터뷰를 통해 기본 정보를 파악한 후에는 검사를 받는 이유에 대한 탐색을 한다. 정확하고 구체적인 수검 이유는 결과를 해석하는 데 시작점이 되므로 잊지 말고 탐색하도록 한다.

먼저 수검자의 기본 정보를 확인한다. 검사는 주로 공공 및 사설 상담센터, 병원, 학교와 같은 기관에서 이루어진다. 기관에서는 수검자에게 신청서와 동의서 등 서류 작성을 요구한다. 결과는 수치로 나타나지만 검사자는 수치를 통해 사람을 그려내야 하므로 수검자의 독특한 상황을 미리 염두에 두는 것이 중요하다.

MMPI는 성별에 따라 해석이 달라지므로 정확한 성별을 체크해야 한다. 수검자의 나이도 중요하다. 연구 결과에 따르면 9번(Ma) 척도는 어린 수검자들이 노인 수검자들에 비해 상승하는 경향이 있다고 하므로 해석에 참고할 수 있다.

신청서에는 아래와 같은 기본 정보들이 속해 있다.

• 수검자 이름	• 성별
• 나이	• 민족 및 국적
• 언어	• 직업
• 종교	• 가족관계
• 내방 및 검사신청 이유	

수검자가 미성년자일 때 추가될 수 있는 정보는 다음과 같다.

- 학년
- 보호자의 인적사항 및 보호자와의 관계
- 발달과정의 특이사항
- 학교생활의 특이사항

사전 인터뷰를 통해서도 수검자에 대한 정보를 알 수 있다. 수검자를 만나보면 서류상으로 접할 때와는 다른 느낌을 주는 경우가 많다. 그래서 동일한 사람이 사전인터뷰, 검사 실시, 해석, 해석상담을 하는 게 가장 이상적이다. 인터뷰를 통해서는 아래와 같은 특징을 알 수 있다.

• 언어

: 목소리의 크기

: 목소리의 떨림

: 문장의 길이

: 말투(단호한 어투, 말끝을 흐리는 습관 등)

: 반복적으로 사용하는 단어

: 단어사용 및 표현의 적합성

• 눈 맞춤

: 멍한 시선

: 시선 회피

• 일상적인 기능

: 차림새의 적절성

: 위생상태

: 장소와 시간 인식

: 대인관계에 불편감

• 착석

: 인터뷰 동안 특별한 이유 없이 자리를 떠나지 않는가?

• 불안한 정서

: 지나치게 많은 질문

: 무응답

: 손톱 뜯기, 다리 떨기 등 특징적 태도

: 미성년자의 경우 보호자와 떨어지기 힘들어하는가?

: 목소리의 떨림

서류와 인터뷰를 통해 기본 정보를 파악한 후에는 검사를 받는 이유에 대한 탐색을 한다. 신청서에 수검 이유가 따로 기재되어 있다면 좋지만, 그렇지 않을 경우 인터뷰 시간에 질문할 수 있다.

만약 수검자의 대답이 '내 자신에 대해 알고 싶어서' '내 성격의 단점을 알고 싶어서'와 같이 모호하다면 "구체적으로 어떤 부분에 대해 알고 싶은가요?" "성격이 궁금해진 계기가 있었다면 간단하게 말해주세요" "제가 어떤 부분에 가장 중점을 두고 검사를 해석해드릴까요?" 등 수검 이유를 구체화할 수 있는 질문을 한다.

정확하고 구체적인 수검 이유는 결과를 해석하는 데 시작점이 되므로 잊지 말고 탐색하도록 한다.

사례로 배우자

진선미 씨는 40대의 주부로 "머리가 자주 아프고 답답하며 축 쳐지고 집중하기가 어렵다"고 호소하며 내방했다. 보통 키에 마른 체구로 옅은 화장에 캐주얼한 복장이었다. 목소리는 작으나 말의 속도가 빠른 편이었다. 말을 하다가 문장을 끝마치지 않고 얼버무리다가 다음 말로 넘어가는 것이 인상적이었다.

인터뷰 동안 눈을 깜빡이며 "피곤하다"는 말을 자주 했다. 언제부터 불편했는지 묻자 "머리가 아픈 것은 오래되었으나 축 쳐지고 머리가 아파 병원에서 주는 두통약을 자주 먹지만 그때뿐"이라고 대답했다. "3개월 전 이사를 온 이후 스트레스가 많았다"는 호소와 함께 "병원에서 심리적 문제인 것 같다고 상담을 받아보라고 해서" 센터를 찾아왔다며 내방 이유를 밝혔다. 눈 맞춤은 적절했다.

그러나 인터뷰 내내 허리를 곧게 편 자세로 깍지 낀 두 손을 만지작거리는 것으로 봐 긴장이 지속되는 듯 보였다.

2단계_결과의 타당도를 확인하기

타당도 척도를 통해 '이 결과를 해석할 것인가?'에 대한 중요한 판단을 한다. 만약 결과가 타당하지 않다면 수검자에게 재검사를 권유할 것인지, 다른 검사를 실시할 것인지, 검사를 중단할 것인지 등을 결정한다.

프로파일을 해석할 것인지 판단하기

두 번째 단계부터 검사자는 결과지를 보기 시작한다. 가장 먼저 타당도 척도를 확인한다. 타당도 척도를 통해 검사자는 '이 결과를 해석할 것인가?'에 대한 중요한 판단을 한다. 만약 결과가 타당하지 않다면 검사의 목적과 수검 태도에 따라 수검자에게 재검사를 권유할 것인지, 다른 검사를 실시할 것인지를 결정한다.

종합심리검사(full-battery)의 일환으로 MMPI를 실시했다면 배터리의 구성을 바꿔 재검사를 할 것인지, 나머지 유의한 검사들로 평가를 마무리할 것인지를 결정한다.

아래의 상황에서는 결과를 해석하지 않는 것이 좋다.

• 무응답 원점수가 30개 이상일 때

• VRIN척도가 T 80점 이상일 때

• TRIN척도가 T 80점 이상일 때

• F척도가 T 80점 이상일 때(단, 임상장면에서는 T 90점, 입원장면에서는 T 100점 이상일 때)

• L척도가 T 80점 이상일 때

• K척도가 T 75점 이상일 때

• S척도가 T 75점 이상일 때

사례

타당도 척도

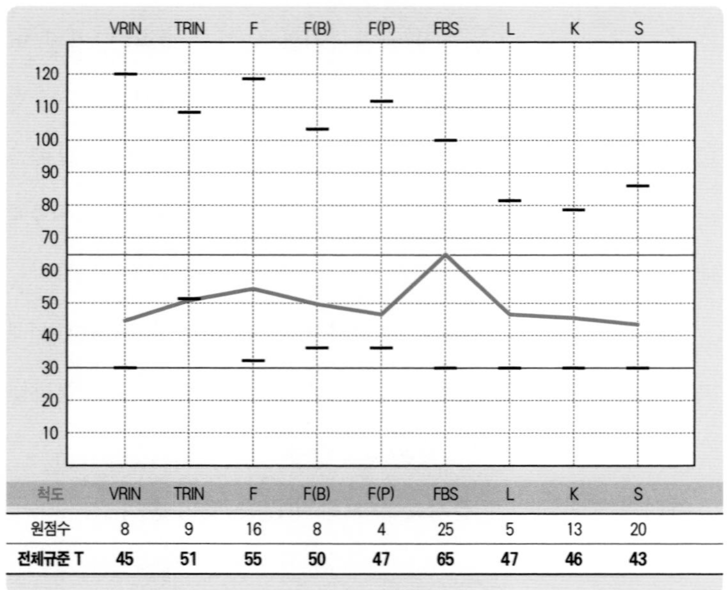

척도	VRIN	TRIN	F	F(B)	F(P)	FBS	L	K	S
원점수	8	9	16	8	4	25	5	13	20
전체규준 T	**45**	**51**	**55**	**50**	**47**	**65**	**47**	**46**	**43**

진선미 씨의 타당도 프로파일이다. FBS만 경미하게 상승했다. FBS가 65점으로 진선미 씨는 자신의 증상을 다소 과장했다. 그러나 F, F(B), F(P) 모두 낮기 때문에 진선미 씨가 자신의 증상을 허위적으로 보고했을 가능성은 낮다. 오히려 주 호소 및 증상으로 인한 전반적인 적응상의 어려움이나 주관적인 고통감을 느끼고 있을 것으로 해석할 수 있다.

방어성을 탐지하는 L, K, S도 T 40점 수준으로 문제를 방어하지 않고 솔직하게 보고하고 있다. 타당도가 인정되므로 이 프로파일은 해석할 수 있다.

수검 태도 확인하기

문제는 타당도 점수가 높지만 프로파일을 버리기에는 애매한 경우다. 검사를 해석하다보면 이런 경우가 종종 발생한다. 수검자가 비자발적으로 내방한 경우 K=74, S=73이 나왔다고 하자. MMPI-2 매뉴얼 지침 자체가 이 점수대에 대해서는 '타당하지 않을 수 있음'이라고 모호한 기준을 제시한다.

이런 경우 검사자의 개인적 성향의 영향이 크다. 엄격한 기준을 따르는 검사자라면 결과가 유용하지 않다며 극히 제한적인 정보만 해석할 것이다.

완곡한 기준을 따르는 검사자라면 높은 K, S점수를 수검자의 방어적 태도와 연결지어 수검자의 주요 특성으로 해석할 것이다.

애매한 점수의 타당도를 해석하려면 다시 수검자의 수검 이유, 수검 태도로 돌아가야 한다. 수검 태도는 '1단계의 기본정보 확인하기'뿐만 아니라 수검자가 검사를 실시했을 때의 태도, 답안지 작성의 특이사항을 통해서도 확인할 수 있다.

수검자의 검사 실시 태도

- 응답시간
- 자리 이탈여부

답안지 작성의 특이사항

- 기본 정보를 모두 작성했는가?
- 지나친 수정
- 응답지 작성 지침을 잘 따랐는가?

사례로 배우자

검사를 실시하는 동안 진선미 씨는 자주 눈을 비비며 안경을 여러 번 벗었다 꼈다 반복했다. 특별한 질문이나 말은 없었다. 그러나 검사 중간 중간 손가락으로 책상을 톡톡치며 짜증이 섞인 한숨을 쉬었다.

전반적으로 협조적으로 임했으나 응답을 약 2시간 동안 해서 검사시간이 오래 소요되었다. 답안지의 표기와 수정에 특별한 사항은 없었다.

3단계_상승된 척도 확인하기

프로파일을 눈으로 스캔하며 65점 이상으로 상승된 척도가 무엇인지 또는 몇 개나 되는지를 살펴본다. 결과지를 보면 T 65점 라인에 굵은 선이 그려져 있으므로 이 선을 유의기준으로 삼으면 된다.

10개 임상척도를 살펴보기

타당도를 확인했다면 임상척도를 살펴본다. 전반적인 그래프의 모양(굴곡과 상승도)을 보며 수검자의 현재 상태를 살펴본다. 이 절차는 앞으로 작성할 보고서와 해석 상담의 초안을 잡는 작업이다.

임상척도는 T 75점 이상일 때 증상을 심각하게 나타내는 매우 높은 점수로, T 65점 이상일 때 증상을 유의미하게 나타내는 높은 점수로, T 55점 이상일 때 성격의 경향성을 나타내는 약간 높은 점수로 여긴다.

아주 간단하게 말하면 65점을 기준으로 높을 때는 임상기준,

낮을 때는 정상기준이다. 프로파일을 눈으로 스캔하며 65점 이상으로 상승된 척도가 무엇인지 또는 몇 개나 되는지를 살펴본다. 결과지를 보면 T 65점 라인에 굵은 선이 그려져 있으므로 이 선을 유의기준으로 삼으면 된다.

프로파일에 따라 모든 임상척도가 T 65점 이상으로 상승한 경우도 있는 반면 어느 척도 하나 높은 점수가 없어 어떤 포인트로 해석을 해야 할지 난감한 경우도 있다.

만약 모든 임상척도가 유의미하게 상승했다면 수검자가 그만큼 심각한 수준의 정서적 고통과 증상을 호소하는 것으로 보면 된다. 이럴 땐 소척도와 여러 척도들을 꼼꼼히 살펴보며, 그 중에서도 특별하게 나타나는 주요 증상이 무엇인지 분석하도록 한다.

만약 '클린 프로파일(유의한 척도가 하나도 없고 굴곡도 완만한 경우)'이라면 굳이 무언가를 찾아서 해석할 필요는 없다. 모든 척도가 임상수준 아래에 있으므로 수검자에게 특별히 문제가 되는 심리, 정서적 어려움이 보고되지 않은 것으로 보면 된다(없는 것이 아니라 보고되지 않은 것이다).

〈사례〉

타당도 척도와 임상척도

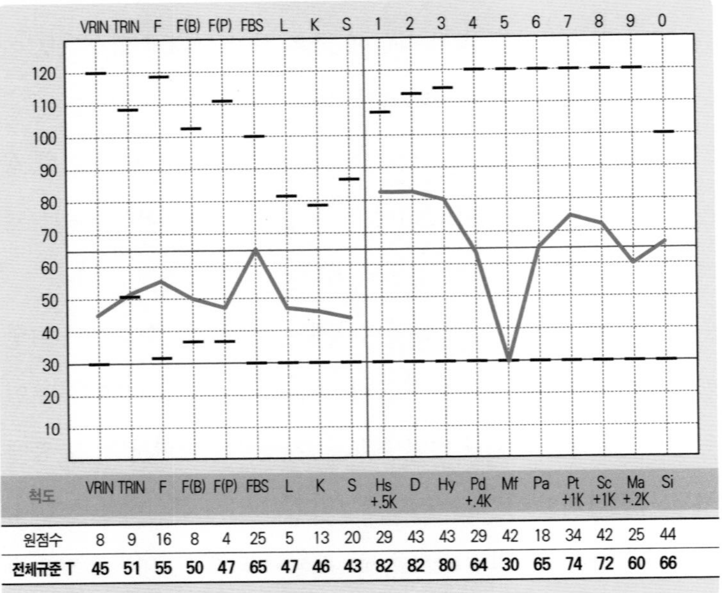

척도	VRIN	TRIN	F	F(B)	F(P)	FBS	L	K	S	Hs +.5K	D	Hy	Pd +.4K	Mf	Pa	Pt +1K	Sc +1K	Ma +.2K	Si
원점수	8	9	16	8	4	25	5	13	20	29	43	43	29	42	18	34	42	25	44
전체규준 T	**45**	**51**	**55**	**50**	**47**	**65**	**47**	**46**	**43**	**82**	**82**	**80**	**64**	**30**	**65**	**74**	**72**	**60**	**66**

진선미 씨의 임상척도를 보면 T 65점 라인 이상으로 상승된 척도가 절반 정도로 상당한 수준의 증상을 보고하고 있다. 결과를 보면 30점으로 매우 낮은 5번 척도(Mf)의 영향으로 4번, 5번, 6번을 둘러싼 깊은 V굴곡이 생겼고, 나머지 척도는 모두 상승했다.

가장 높은 척도는 1번(Hs)과 2번(D)으로 T 82점이고, 3번(Hy)도 T 80점으로 매우 높다. 네 번째로 높은 척도는 7번(Pt) T 74점으로 3번과 5점 이상 차이가 나므로 1-2-3코드타입이 성립된다. 사전 인터뷰에서 진선미 씨는 "최근 들어 유난히 집중이 안 되고 두통으로 약을 자주 먹는다"고 보고했다.

수검자의 보고와 척도 1번, 2번, 3번의 상승이 일치하고 있다. 이를 통해 진선미 씨가 현재 상당히 우울한 상태로, 만성피로를 비롯한 여러 신체 증상을 호소하리라는 짐작을 할 수 있다. 7(Pt), 8(Sc) 역시 T 70점 이상으로 상승되어 있어서 전반적인 불안과 긴장도가 높다. 자신도 어찌할 수 없는 초조함과 혼란을 겪으리라 예상할 수 있다.

타당도에서 비전형성을 나타내는 F와 F(P)가 높지 않지만 8번(Sc)이 T 72점으로 상당한 수준이고, 9번(Ma) 역시 T 60점이다. 진선미 씨 본인은 무기력을 호소하지만 부적절한 기분변동이나 사고의 혼란, 정신증적 증상은 없는지 다른 척도들을 통해 더 살펴볼 필요가 있다.

진선미 씨는 0번(Si) T 66점에 의하면 내향적인 편인데 사회생활에서 기능하는 데 어려움은 없는지 소척도와 내용척도들도 확인해야 한다. 깊은 수동공격의 V굴곡(4-5-6)과 낮은 5번을 통해 의존적인 태도, 모호한 의사표현 방식이 예상되지만, 이 역시 다른 척도들을 통해 확인할 필요가 있다.

유의미하게 상승된 척도들 모으기

결과가 타당하다면 이제는 자료를 모을 차례다. 해석 가능할 정도로 상승된 척도를 모두 모은다. 결과지에 동그라미를 치면서 주요 특징을 스캔한 후, 여백에 척도를 옮겨 적어 분석해보도록 한다.

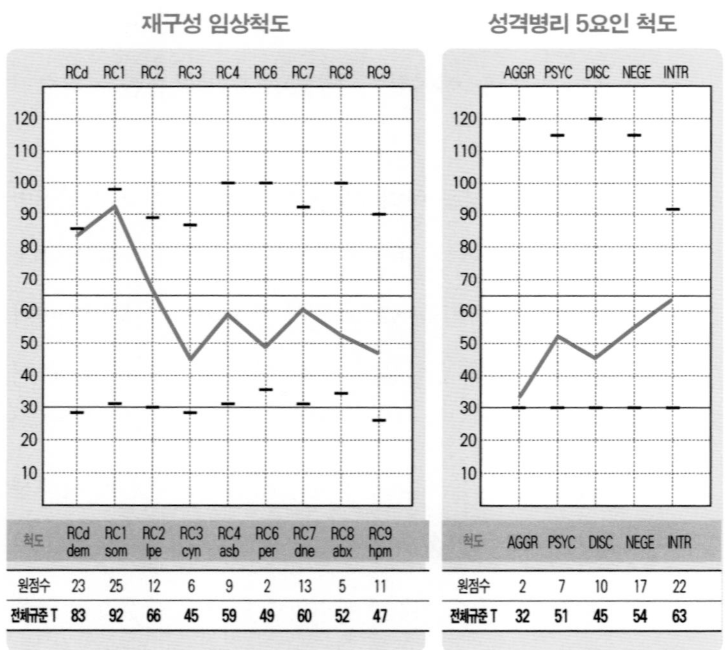

척도	RCd dem	RC1 som	RC2 lpe	RC3 cyn	RC4 asb	RC6 per	RC7 dne	RC8 abx	RC9 hpm
원점수	23	25	12	6	9	2	13	5	11
전체규준 T	83	92	66	45	59	49	60	52	47

척도	AGGR	PSYC	DISC	NEGE	INTR
원점수	2	7	10	17	22
전체규준 T	32	51	45	54	63

→ RCd=83, RC1=92, RC2=66

내용 척도

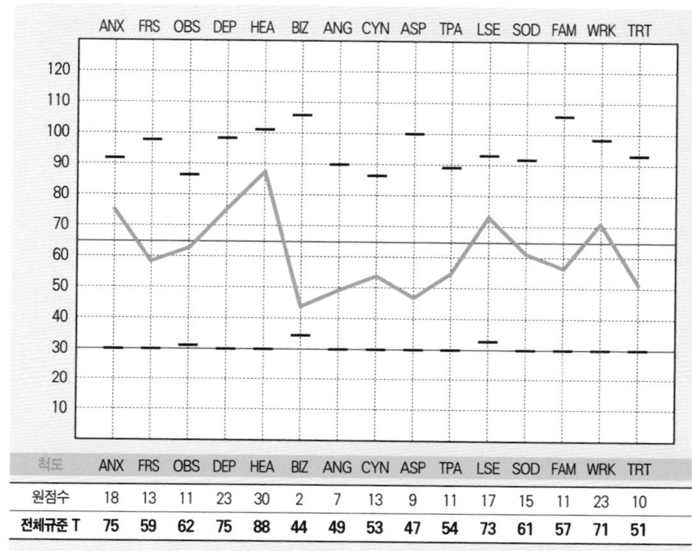

척도	ANX	FRS	OBS	DEP	HEA	BIZ	ANG	CYN	ASP	TPA	LSE	SOD	FAM	WRK	TRT
원점수	18	13	11	23	30	2	7	13	9	11	17	15	11	23	10
전체규준 T	**75**	**59**	**62**	**75**	**88**	**44**	**49**	**53**	**47**	**54**	**73**	**61**	**57**	**71**	**51**

→ ANX=75, DEP=75, HEA=88, LSE=73, WRK=71

보충 척도

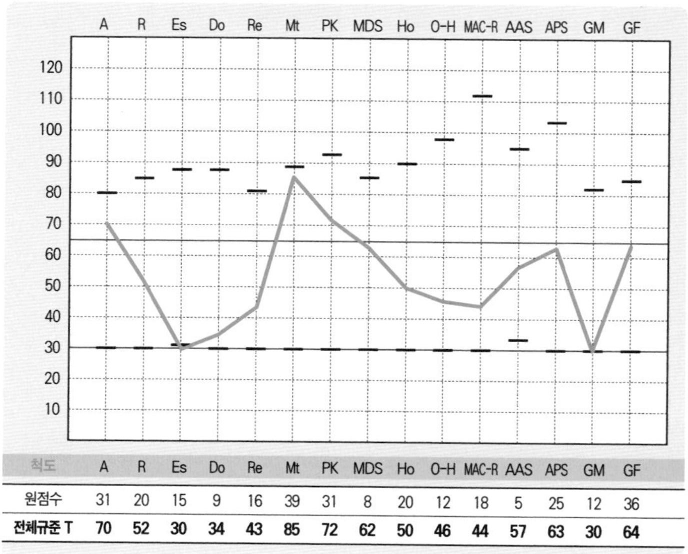

척도	A	R	Es	Do	Re	Mt	PK	MDS	Ho	O-H	MAC-R	AAS	APS	GM	GF
원점수	31	20	15	9	16	39	31	8	20	12	18	5	25	12	36
전체규준 T	**70**	**52**	**30**	**34**	**43**	**85**	**72**	**62**	**50**	**46**	**44**	**57**	**63**	**30**	**64**

→ A=70, Es=30, Mt=85, PK=72

임상 소척도

		원점수	전체규준 T점수	성별규준 T점수
D		43	**82**	79
D1	주관적 우울감	25	**75**	73
D2	정신운동 지체	8	**54**	52
D3	신체적 기능장애	10	**83**	82
D4	둔감성	12	**73**	72
D5	깊은 근심	8	**72**	70
Hy		43	**80**	77
Hy1	사회적 불안의 부인	3	**47**	47
Hy2	애정 욕구	4	**44**	43
Hy3	권태-무기력	15	**82**	80
Hy4	신체증상 호소	15	**78**	75
Hy5	공격성의 억제	5	**57**	56
Pd		29	**64**	64
Pd1	가정 불화	5	**60**	60
Pd2	권위 불화	2	**39**	40
Pd3	사회적 침착성	3	**46**	46
Pd4	사회적 소외	8	**65**	65
Pd5	내적 소외	8	**63**	63
Pa		18	**65**	64
Pa1	피해의식	4	**54**	54
Pa2	예민성	7	**75**	74
Pa3	순진성	5	**55**	55
Sc		42	**72**	72
Sc1	사회적 소외	12	**70**	70
Sc2	정서적 소외	6	**70**	70
Sc3	자아통합결여-인지적	5	**60**	60
Sc4	자아통합결여-동기적	10	**75**	74
Sc5	자아통합결여-억제부전	4	**55**	54
Sc6	기태적 감각 경험	11	**66**	65
Ma		25	**60**	62
Ma1	비도덕성	2	**45**	46
Ma2	심신운동 항진	8	**63**	64
Ma3	냉정함	3	**45**	46
Ma4	자아팽창	7	**69**	69

사회적 내향성 소척도

		원점수	전체규준 T점수	성별규준 T점수
Si		44	**66**	65
Si1	수줍음·자의식	9	**58**	57
Si2	사회적 회피	5	**56**	56
Si3	내적·외적 소외	9	**54**	53

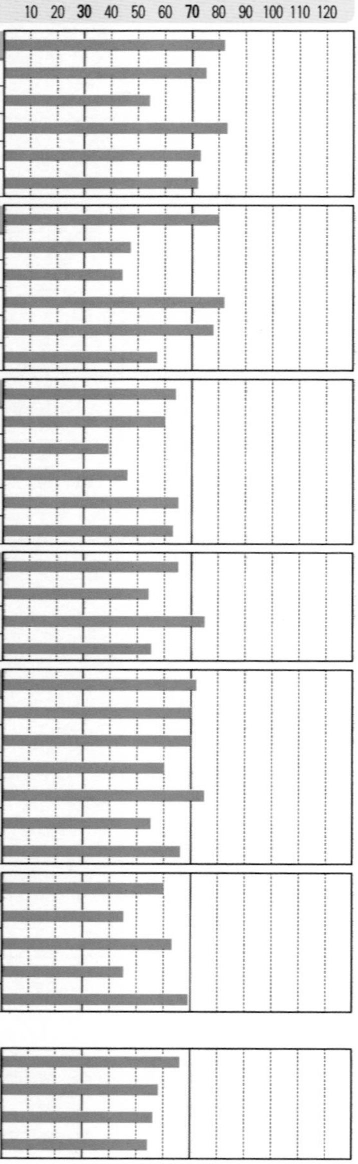

→ D=82 (D1=75, D3=83, D4=73, D5=72)

Hy=80 (Hy3=82, Hy4=78)

Pa=65 (Pa2=75)

Sc=72 (Sc1=70, Sc2=70, Sc4=75, Sc6=66)

Si=66

내용 소척도

	원점수	전체규준 T점수	성별규준 T점수
FRS	13	**59**	55
FRS1 일반화된 공포	7	**67**	64
FRS2 특정 공포	5	**46**	43
DEP	23	**75**	73
DEP1 동기 결여	9	**74**	73
DEP2 기분 부전	6	**79**	76
DEP3 자기 비하	4	**63**	63
DEP4 자살 사고	2	**58**	57
HEA	30	**88**	86
HEA1 소화기 증상	5	**84**	80
HEA2 신경학적 증상	11	**88**	86
HEA3 일반적인 건강염려	5	**67**	64
BIZ	2	**44**	43
BIZ1 정신증적 증상	0	**39**	40
BIZ2 분열형 성격특성	1	**47**	47
ANG	7	**49**	50
ANG1 폭발적 행동	2	**47**	48
ANG2 성마름	4	**52**	51
CYN	13	**53**	54
CYN1 염세적 신념	8	**48**	48
CYN2 대인적 의심	5	**60**	60
ASP	9	**47**	48
ASP1 반사회적 태도	7	**45**	45
ASP2 반사회적 행동	2	**56**	59
TPA	11	**54**	54
TPA1 조급함	5	**65**	64
TPA2 경쟁 욕구	3	**46**	46
LSE	17	**73**	72
LSE1 자기 회의	9	**74**	72
LSE2 순종성	2	**52**	52
SOD	15	**61**	60
SOD1 내향성	11	**66**	65
SOD2 수줍음	3	**47**	46
FAM	11	**57**	56
FAM1 가정 불화	6	**58**	58
FAM2 가족내 소외	2	**52**	52
TRT	10	**51**	50
TRT1 낮은 동기	3	**48**	47
TRT2 낮은 자기개방	2	**50**	49

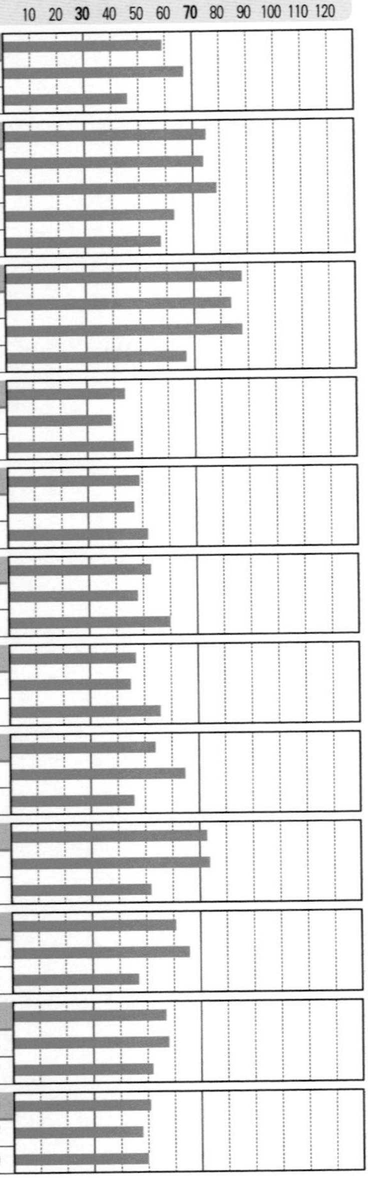

10 20 **30** 40 50 60 **70** 80 90 100 110 120

→ DEP=75 (DEP1=74, DEP2=79)

HEA=88 (HEA1=84, HEA2=88)

LSE=73 (LSE1=74)

진선미 씨의 프로파일에서 유의미하게 상승된 척도들을 모두 모아보았다. 우리가 분석할 자료들이다.

임상 소척도는 모척도가 T점수가 65점 이상인 경우에만 해석한다. Pd4=65이지만 Pd=64라서 해석에서 제외되었고, Ma4=69이지만 Ma=60이라서 해석에서 제외되었다. 내용척도는 60점 이상 해석이 가능하므로 FRS1=67이지만 FRS=59라서 해석에서 제외되었다.

유의미한 척도들

Hs=82
D=82 (D1=75, D3=83, D4=73, D5=72)
Hy=80 (Hy3=82, Hy4=78)
Mf=30
Pa=65 (Pa2=75)
Pt=76
Sc=72 (Sc1=70, Sc2=70, Sc4=75, Sc6=66)
Ma=60
Si=66
RCd=83, RC1=92, RC2=66
ANX=75, DEP=75 (DEP1=74, DEP2=79), HEA=88 (HEA1=84, HEA2=88), LSE=73 (LSE1=74)
WRK=71, A=70, Es=30, Mt=85(대학생이 아니므로 제외), PK=72

비슷한 유형으로 분류하기

복잡한 자료를 알아보기 쉽게 분류한다. 진선미 씨의 프로파일처럼 유의한 자료가 많다면 점수가 높은 순서대로 정렬하는 것이 해석의 우선순위를 정하는 데 유익하다(그래도 임상척도 10개는 앞쪽에 배치한다). 그 후에는 각 척도가 나타내는 내용이 비슷한 것들끼리 모은다. 뒷받침해주는 척도가 많으면 많을수록 해당 증상과 성격은 진선미 씨를 잘 설명해주는 특성이다.

Hs=80, D3=83, Hy=80, Hy4=78, RC1=92, HEA=88(HEA1=84, HEA2=88)

→ 건강과 신체에 대한 과도한 몰두와 집착

→ 심리적 고통을 신체화 증상으로 전환하고 이에 따른 이차적 이득 추구

→ 건강에 대한 일반적 염려수준을 넘어 일상생활에서 신경학적 증상이 실제로 나타나고 있음

→ 신체증상장애 또는 전환장애 가능성

→ 신체증상을 통해 타인을 통제, 조종하거나 책임을 회피함

→ 억압과 부인이라는 방어기제를 사용

→ 실제 의료 질병으로 치료받은 경험이 있거나 치료받고 있는지 알아볼 것

D=82(D1=75, D4=73, D5=72), Hy3=82, Sc2=70, RCd=83, RC2=66, DEP1=74

→ 매우 우울하고 불행하다는 보고를 하고 있어서 일상 기능의 어려움이 시사됨

→ 일상의 즐거움과 흥미, 동기, 에너지가 결여된 상태

→ 삶에 대한 비관적인 태도

→ 만성적인 기분부전이 지속되었을 가능성

Pt=76, Sc=72(Sc4=75, Sc6=66), Ma=60, RCd=83, ANX=75, WRK=71, A=70, PK=72

→ 긴장, 불안, 초조한 정서로 인해 극심한 혼란, 어찌할지 모르겠는 상태

→ 안절부절 못함, 정신운동 초조성

→ 미칠 것 같은 두려움과 공포

→ 결정의 우유부단함, 주의 집중력 저하 등으로 판단력이 저하된 상태

→ 신체에 대한 특이한 증상, 이상한 생각을 할 수 있음(기태적 감각, 망상, 환각증상 여부 점검하기)

→ 걱정을 많이 하나 상황에 쉽게 압도되어 대처하기 어려움

→ 유연성이 떨어짐

Si=66, Sc1=70, Pa=65(Pa2=75), Mf=30

→ 내향적인 경향

→ 마음을 쉽게 터놓지 않고 정서적 거리를 유지함

→ 타인의 비판과 거절에 민감함

→ 정서적 소외감, 이해받지 못하는 느낌을 자주 호소할 수 있음

Es=30, LSE=73(LSE1=74), WRK=71

→ 자존감이 낮고 스스로를 불만족스러워 하고 있음

→ 문제가 생겼을 때 대처할 능력과 자원이 없다고 여김

→ 문제와 갈등에 대한 대처가 비효율적임

사례 Mf=30, Hy=80, Pa=65(Pa2=75)

→ 전통적으로 여성적이라 여겨지는 성향이 높음

→ 순응적, 온순한 성향이 강함 (** 수검자 자원으로 해석할 수도 있음)

→ 의존적, 수동적 태도

→ 자기중심적으로 미숙하게 요구를 많이 함

→ 수동 공격적 의사소통

4단계_코드타입 확인하기

수검자의 프로파일이 코드타입에 해당된다면 4장에 있는 임상척도 코드타입 해석을 찾아보자. 코드해석은 상승된 임상척도의 결과들을 모아놓은 것 이상의 정보를 제공한다.

코드 해석이 가능한가?

지면으로 설명하기 때문에 3단계의 마지막인 〈비슷한 유형으로 분류하기〉와 4단계 〈코드타입 확인하기〉를 나누어놓았지만 사실 이 두 작업은 동시에 일어난다. 수검자의 프로파일이 코드타입에 해당된다면 4장에 있는 임상척도 코드타입 해석을 찾아본다.

4장에서도 설명했듯이 2개 또는 3개의 임상척도가 다른 척도들보다 5점 이상으로 유의미하게 상승했다면 코드타입 해석이 가능하다. 코드해석은 상승된 임상척도의 결과들을 다 모아놓은 것 이상의 정보를 제공한다.

예를 들어 4-6의 상승을 살펴보자. 4번의 반사회성, 외현화 문제를 일으키는 경향, 충동성, 자기중심적 특징들과 6번의 타인을 불신하고 의도를 오해하는 경향, 피해의식, 책임전가 등의 특징을 모아놓아도 그 사람을 대강 이해할 수는 있다.

그러나 4-6코드 해석을 찾아보면 4번과 6번의 성격적 특징 때문에 이들이 대인관계에 얼마나 부적응하고 지속적으로 갈등을 일으키는지의 종합적 정보를 얻을 수 있다. 4-6코드의 동반상승을 일으키는 수검자들이 타인의 의도를 오해하는 데서 나아가 타인이 자신을 이해하지 못한다고 원망하고, 자기 분노의 책임을 타인에게 투사하는 경향성이 있음을 알 수 있다.

시선이 외부로 향해 있기 때문에 자신에 대한 성찰이 부족하다는 것을 알 수 있다. 이러한 종합적인 이해를 바탕으로 프로파일을 해석하면 수검자가 호소하는 '소외감, 공허함, 분노'가 대인관계에서 어떤 맥락으로 형성되었는지에 대한 이해가 깊어질 수 있다.

〈사례〉

진선미 씨의 프로파일은 1-2-3코드로 쓰리 코드타입 해석이 가능하다. 1-2-3코드는 아래와 같은 특성을 가지고 있다. 코드타입의 해석 내용과 '3단계: 비슷한 유형으로 분류하기'를 통해 얻은 결과가 동일함을 알 수 있다.

1-2-3

- 다양한 종류의 신체적 증상과 고통을 호소한다.
- 만성피로와 통증을 경험한다.
- 에너지, 흥미, 동기가 저하되어 있다.
- 질병불안장애, 신체증상장애 등 다양한 신체화 관련 증상을 보인다.
- 우울, 무기력, 무망감, 초조함, 불안, 긴장 등의 부정적 정서가 만연하다.
- 자신, 타인, 인생에 대해 비관적 태도를 가지고 있다.
- 타인에게 매우 의존적이다.
- 분노 표현의 방식이 수동 공격적이다.
- 좀처럼 나서서 의견을 표현하거나 무언가를 먼저 주도하지 않는다.
- 신경질, 짜증이 잦다.
- 사람들로부터 정서적 거리를 두는 편이다,
- 증상에 대한 심리적 영향을 부인하고 내면에 대한 통찰력이 낮다.
- 술, 약물 등 즉각적 해결책을 찾는 편으로 심리치료의 예후가 좋지 않다.

5단계_결정적 문항 확인하기

결정적 문항은 수검자에게 특정 문제가 있는지 민감하게 알려줄 수 있는 문항들이다. 그러나 한두 문항으로 판단하지 말고 반복적으로 보고되는 내용들을 확인하도록 한다.

MMPI 결과지 후반부에는 무응답 문항과 결정적 문항이 무엇인지 확인할 수 있는 페이지가 있다. MMPI에는 다양한 문항들이 순서 없이 뒤섞여 있다.

타당도 확인을 위해 반복되는 질문을 하기도 하고, 누구나 그렇다고 응답할 만한 가벼운 문항에서부터 심각한 증상을 나타내는 문항까지 MMPI 질문은 광범위하다. 결정적 문항(critical items)이란 그중에서도 수검자에게 심각한 증상이 있는지 민감하게 알려줄 수 있는 문항들이다. 그래함은 결정적 문항에 속하는 문항들은 자연스럽게 정신병리에 민감한 F척도, 8번(Sc)척도에 속하는 문항들과 중첩된다고 한다.

척도들을 종합적으로 살펴본 후 수검자가 체크한 결정적 문항이 무엇인지 살펴보면 프로파일로 세웠던 가설들을 점검하는 데 도움이 된다. 하지만 한두 문항의 특이한 보고로 수검자를 판단해서는 안 된다.

결정적 문항은 반드시 임상척도에서는 발견하지 못한 수검자의 주요한 증상이 있는지, 반복적으로 나타나는 임상주제가 있는지를 확인하는 참고자료로 활용해야 한다.

결정적 문항의 범주

- 급성 불안을 나타내는 문항들
- 우울 및 자살사고를 나타내는 문항들
- 위협적인 행동을 나타내는 문항들
- 알코올 문제를 나타내는 문항들
- 정신적 혼란을 나타내는 문항들
- 편집적 사고를 나타내는 문항들
- 반사회적 사고를 나타내는 문항들
- 가족 갈등을 나타내는 문항들
- 신체 증상을 나타내는 문항들
- 성적인 관심 및 편향을 나타내는 문항들
- 불안 및 긴장을 나타내는 문항들

- 수면장애를 나타내는 문항들
- 기이한 사고 및 경험을 나타내는 문항들
- 우울 및 걱정을 나타내는 문항들
- 기이한 신념을 나타내는 문항들
- 약물남용을 나타내는 문항들
- 분노를 나타내는 문항들

〈사례〉

진선미 씨의 결과를 보면 무응답 문항은 없다. 그러나 증상을 심각하게 호소하고 상승된 척도가 많은 프로파일인 만큼 보고된 결정적 문항도 많다. 그 중에서도 우울과 자살사고, 신체적 증상, 급성 불안과 관련된 문항들을 많이 발견할 수 있다.

결정적 문항의 내용들이 우리가 앞서 해석한 결과와 일치한다. 다만 수치로는 유의하게 나타나지 않았던 자살사고가 결정적 문항을 통해 반복적으로 나타나므로 보고서에 자살예방 개입의 필요성을 언급하도록 한다.

진선미 결과 결정적 문항에서 살펴보아야 할 내용

- 우울 및 자살사고 (3문항)
- 정신적 혼란 (2문항)

6단계_연관되는 척도들을 종합해 해석하기

수검자의 호소문제, 정서적 불편감, 검사를 통해 확인되는 증상, 현재 기능수준, 성격의 경향, 자원, 문제해결 전략, 방어기제 등 결과를 통해 알 수 있는 것들을 모은다.

마지막 단계로 지금까지 해석의 틀을 통해 나왔던 정보들을 종합해 해석한다. 주의 깊게 해석을 했다면 3단계의 '상승된 척도 확인하기'에서 나온 결과와 4단계 '코드 타입 확인하기'의 결과가 비슷할 것이다.

아래 질문들에 답을 찾는 방식으로 내용을 배열하되 보고서를 쓸 때는 중요하다고 판단되는 결과 순서로 나열한다.

내방 당시 호소했던 문제는?

진선미 씨는 40대 주부로 최근 "머리가 아프고 답답하며 축 쳐지고 집중하기가 어렵다"는 이유로 센터를 방문했다. 두통은 20대부터 지속되어 두통약을 자주 먹었고 3개월 전 남편의 직장 이전으로 이사를 온 후 증상이 심해졌다고 한다.

수검자는 본거지였던 대구에서 서울로 이사를 오면서 지인들과 멀어졌고, 자녀의 학교 적응문제 등으로 최근 스트레스가 많았다고 호소했다. 일주일 전 종합병원을 방문해 검사를 받았고 의학적 이상은 없었다고 한다.

의사가 "심리적 문제인 것 같다며 상담을 받아보라고 해서" 센터에 방문을 했다고 한다. 이에 수검자의 현재 심리·정서적 상태를 객관적으로 평가하고자 다면적 인성검사II(MMPI-2)를 실시했다.

정서적 불편감과 고통의 정도는?

진선미 씨는 검사를 통해 상당 수준의 정서적 고통과 혼란을 호소하고 있다. 표면적으로 호소하는 내용은 대부분 두통으로 신체적인 증상이지만, 내면에는 초조하고 긴장된 정서와 깊은 우울, 불행감이 만성화되어 있는 상태로 보인다.

진선미 씨의 두통과 "축 쳐지고 집중하기 어렵다"는 호소 역시 무기력, 만성화된 우울과 긴장, 여러 부정적 정서가 반영된 신체화 증상의 일환이다. 진선미 씨는 현재 자신의 상태에 대한 걱정을 하면서도 이에 대해 어떻게 대처를 해야 할지 모르겠는 혼란과 두려움을 함께 보고하고 있다.

검사를 통해 확인되는 증상은?

프로파일에서 1-2-3이 모두 T 80점 이상으로 높게 상승했고, 과거 두통에 대한 병력, 결정적 문항을 통해 진선미 씨가 자신의 신체 감각에 대해 과도하게 몰두하고 있음을 알 수 있다. 의학적으로 뚜렷한 이상이 없음에도 불구하고 건강에 대한 일반적인 정도의 염려 수준을 넘어 만성화된 두통을 호소하고 있다.

이를 통해 진선미 씨가 우울과 불안과 같은 심리적 고통을 신체적 증상으로 전환해 표현하고 있음을 알 수 있다(수검자 보고에 의하면 1주일 전 받은 검진 결과에서 두통의 의료적 원인을 찾을 수 없다고 한다).

사전 인터뷰에서 신체관련 망상과 환청 여부는 살펴볼 수 없었고, 지남력과 현실 검증력은 양호했다. 그러나 판단력과 주의 집중력이 많이 저하된 상황이다. 경미한 수준이지만 자살사고를 보이고 있으므로 상담이 진행되면 자살예방 위기 개입이 필요할 것이다.

수검자의 현재 기능 수준은?

진선미 씨는 현재 정서가 불안정하고 판단력과 주의 집중력 역시 저하되어 있어 일상생활의 기능과 대처가 비효율적일 것으로 예상된다. Es 수준이 30으로 스스로 문제가 생겼을 때 대처할 능력이 없다고 여기고 있다.

신체적 고통이나 일상의 문제 등 사소한 자극에 쉽게 압도되어 매사 경직되고 유연성이 부족하리라 본다. 더불어 자존감이 낮고 자기 삶에 대한 회의와 불만족을 강하게 느끼고 있어 (LSE=73, LSE1=74) 관계 및 일상기능에 어려움이 있으리라 본다.

수검자의 성격 경향은?

진선미 씨는 내향적인 편으로 주변 사람들의 반응에 매우 민감한 듯하다. 사소한 비판과 거절의 사인에도 민감하고, 환경과 사람들의 영향을 많이 받아 예민한 편이다.

타인의 부정적 평가로부터 자신을 보호하기 위해 마음을 쉽게 터놓지 않고 정서적 거리를 유지하는 경향이 있어 자신만 소외된 것 같고 이해받지 못한다고 호소할 수 있다.

그러나 수동적 성향이 강해 자기주장을 강하게 하지 못하고, 분노나 불만족감을 속으로 삭히고 참으면서 억압하는 경우가 빈번하겠다.

표현 방식 역시 우회적인 편으로 분노나 불만족감을 직접적으로 표현하기보다는 해야 할 일을 미루거나 잦은 실수, 비아냥거리거나 비꼬는 말투 등으로 은근히 표출하는 경향이 강하다.

신체화 증상과 이로 인한 이차적 이득이 예상된다. 그러나 정작 본인은 자신의 심리적 기제를 인식하지 못해 미성숙한 대처를 함으로써 대인관계 갈등이 잦을 것이라고 예상된다.

"아무것도 할 수 없다"는 본인의 보고처럼 흥미와 동기 수준이 매우 저하되어 있어 무기력하고 부정적인 태도가 지속되리라 본다.

스스로 문제가 해결되지 않아 사소한 짜증과 신경질을 많이 내고, 자신의 욕구를 다른 사람에게 요구하는 경향이 강하므로 자기중심적이고 미숙한 사람으로 비춰지기 쉽다.

수검자의 자원은?

Mf=30으로 여성적 취향과 관심사가 강해 부드럽고 순응적인 인상을 주는 것이 심리적 자원으로 작용할 수 있다. 또한 부정적인 치료지표(TRT=51)가 높지 않으며, 의사의 권유를 받은 후 바로 심리적 도움을 구한 것으로 보아 변화에 대한 동기가 높다고 할 수 있다.

수검자의 문제해결 전략은?

Mf=30으로 여성적이고 순응적인 면이 자원일 수 있으나 반면 삶에 대한 수동적인 태도, 주변 사람에게 지나치게 의존하면서 책임을 회피하는 특성으로 나타날 수 있다. 4번, 5번, 6번을 둘러싼 깊은 V선이 나타내는 수동공격성이 그 예다.

진선미 씨는 문제에 대해 사소하게 걱정은 많이 하나 정작 신체화 증상을 통해 교묘하게 책임을 회피하는 방식으로 문제를 해결하려고 한다.

경미한 수준이지만 심리·신체적 고통이 느껴지면 술, 약물, 관계, 일 등에 의존해 해결할 가능성도 있다(APS=63).

수검자의 주요 방어기제는?

진선미는 억압과 부인의 방어기제를 주요하게 사용하는 경향이 있다. 만성적인 우울과 불행감, 불안정한 정서가 만연하지만 심리적 영향을 부인하고 주로 '두통'이라는 신체 증상을 통해 고통을 호소하고 있다.

추후 치료를 위한 제언은?

- 자해 또는 자살예방 위기 개입의 필요성
- 신체에 대한 기태적 감각, 망상, 환각 여부 탐색하기
- 신체적 고통이 실제로 존재한다는 인정과 충분한 공감을 제공할 것
- 두통을 조절할 수 있는 신체관리 및 자기관리 연습하기
- 현실적이고 구체적인 상담 목표
- 심리기제에 대한 통찰력이 낮으므로 빠른 직면을 조심할 것

본장에 나오는 5가지 프로파일은 임상장면에서 자주 접할 수 있는 사례다. 사례 1은 우울하고 무기력한 정서를 호소하고 있다. 사례 2는 반사회성 성격 특징을 보고하고 있다. 사례 3은 비현실감과 혼란함이 핵심 문제이다. 사례 4는 식습관 강박증상을 보이고 있다. 사례 5는 외상 사건 이후 심리적 긴장을 호소하고 있다. 7장에서는 5가지 사례를 통해 데이터와 수검자를 함께 맞춰가는 공부를 할 것이다.

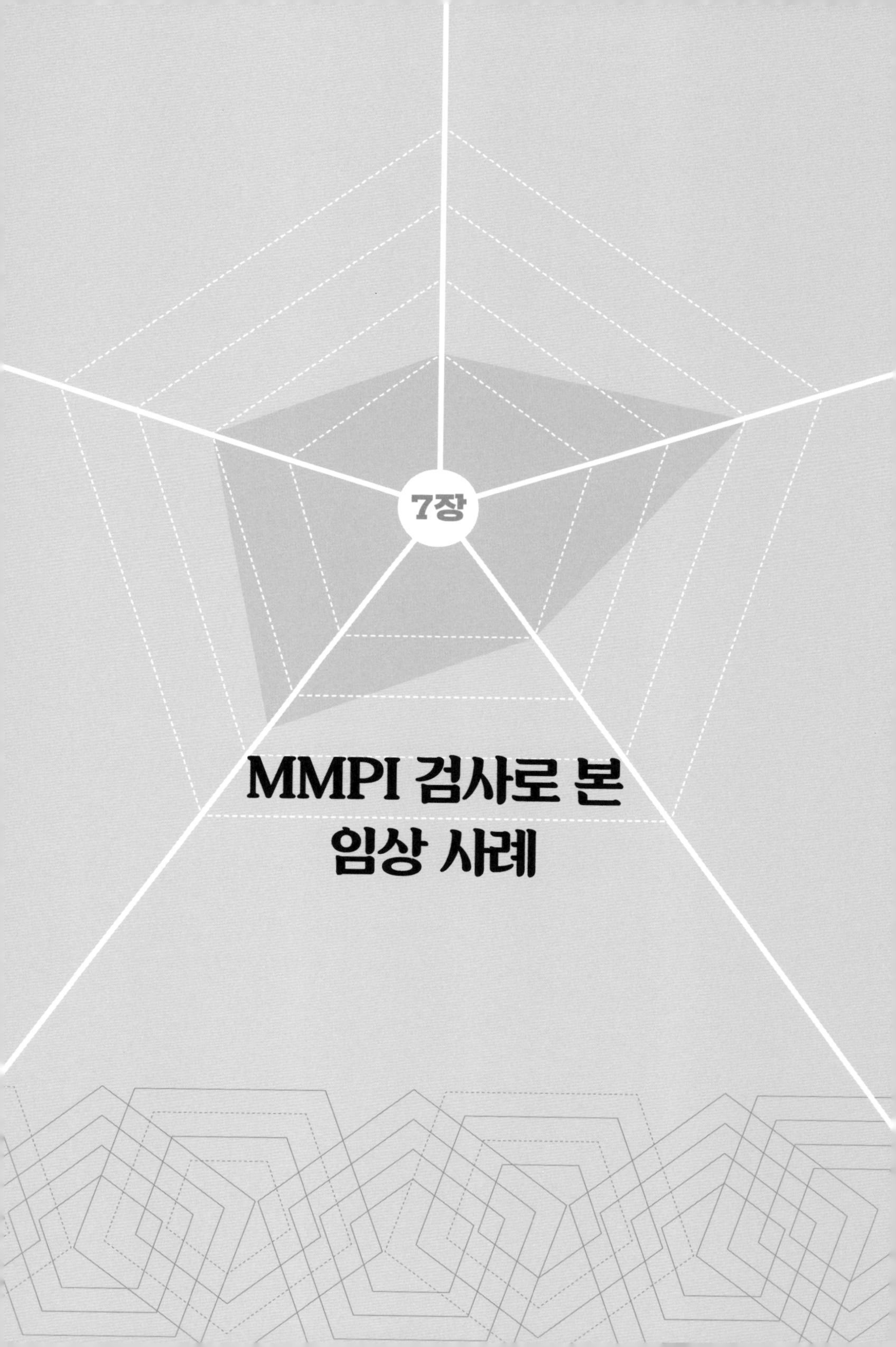

7장

MMPI 검사로 본 임상 사례

사례 1_우울하고 무기력한 내담자

공부를 열심히 하고 싶어 하고 원하는 기준은 높으나 이를 성취할 수 있는 동력이 부족한 상태이므로 이에 대한 심리적 개입이 필요한 상황이라고 볼 수 있다.

〈사례 1〉은 20대 초반 남성의 프로파일이다. 대입 실패 후 우울과 무력감을 호소했다, 재수를 준비하며 심리적인 지원을 얻기 위해 자발적으로 상담을 신청했다.

L=36, K=46, S=51 수준으로 심리적 어려움을 솔직하게 호소하고 있고 결과가 타당하다.

2번이 73점으로 높게 상승해 수검자가 느끼는 우울과 슬픔, 무력감을 나타내주고 있다. 높은 2번과 상대적으로 낮은 9번은 우울과 무력감을 호소하는 내담자들에게 흔하게 나타나는 프로파일 중 하나다.

4번, 7번, 0번이 약간 상승했지만 50점대로 내담자의 현재 상

사례 1 MMPI 프로파일

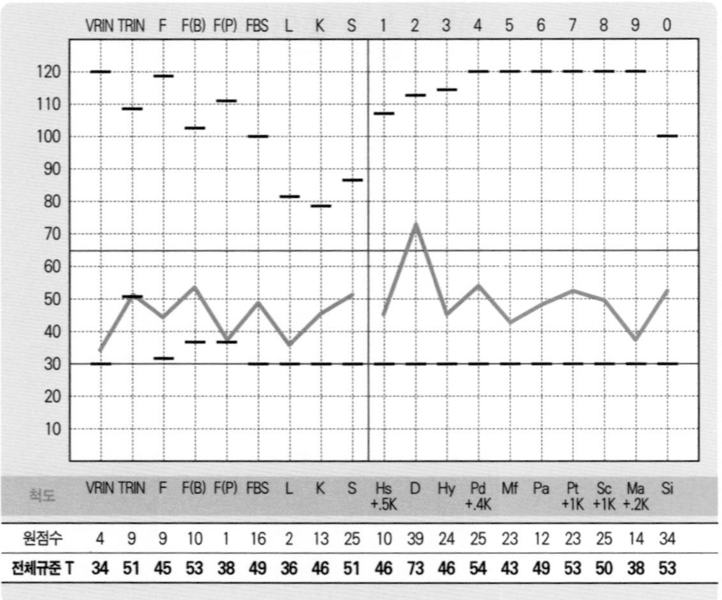

척도	VRIN	TRIN	F	F(B)	F(P)	FBS	L	K	S	Hs +.5K	D	Hy	Pd +.4K	Mf	Pa	Pt +1K	Sc +1K	Ma +.2K	Si
원점수	4	9	9	10	1	16	2	13	25	10	39	24	25	23	12	23	25	14	34
전체규준 T	**34**	**51**	**45**	**53**	**38**	**49**	**36**	**46**	**51**	**46**	**73**	**46**	**54**	**43**	**49**	**53**	**50**	**38**	**53**

그 외 주요한 척도

RCd=69, RC2=66, DEP=66, LSE=73, WRK=77, A=62, MT=69

태를 대표할 만한 특성은 아니다.

내담자는 좋은 대학을 가야 한다는 주변의 기대 속에서 오랜 시간 동안 지치고 소진된 상태로 지내왔다. 오랜 시간 기분 부전이 만성적으로 나타나다 대입 실패로 상황이 악화되자 우울과 무기력이 심해졌다.

자기 자신과 주변 환경에 대해 불만족스럽고, 미래에도 상황이 좋아지지 않을 것 같은 막연한 불안을 보고하고 있다.

부정적이고 우유부단하면서도 비관적인 태도가 예상된다. 공부를 열심히 하고 싶어 하고 원하는 기준은 높으나 이를 성취할 수 있는 동력(에너지, 동기부여, 좌절 인내)이 부족한 상태이므로 이에 대한 심리적 개입이 필요한 상황이라고 볼 수 있다.

사례 2_반사회성 성격장애 내담자

자기 뜻대로 되지 않거나 즉각적인 만족이 추구되지 않을 때 과하게 흥분하며 분노를 표출할 수 있어 만성적인 분노 조절의 어려움, 사회 적응의 어려움이 예상된다.

〈사례 2〉는 30대 남성의 프로파일이다. 청소년 시절부터 지속적인 학교 부적응, 알코올 남용, 분노조절 문제의 이력이 있었다. 가정폭력과 관련되어 이혼 사유로 상담센터를 내방했다.

타당도 척도를 보면 Vrin=31, Trin=51로 행동화 경향이 높게 상승한 임상척도에도 불구하고 일관성 있게 응답을 했다. 비자발적으로 내방했음에도 불구하고 L=36, K=40, S=31 역시 낮은 점수로 잘 보이기 위해 방어하지 않고 응답했다.

K=40으로 증상을 다소 과장한 것은 아닌지 의심되지만 F, F(B), F(P) 모두 타당한 수준의 점수로 증상의 과장도 없이 타당한 프로파일이라고 볼 수 있다.

사례 2 MMPI 프로파일

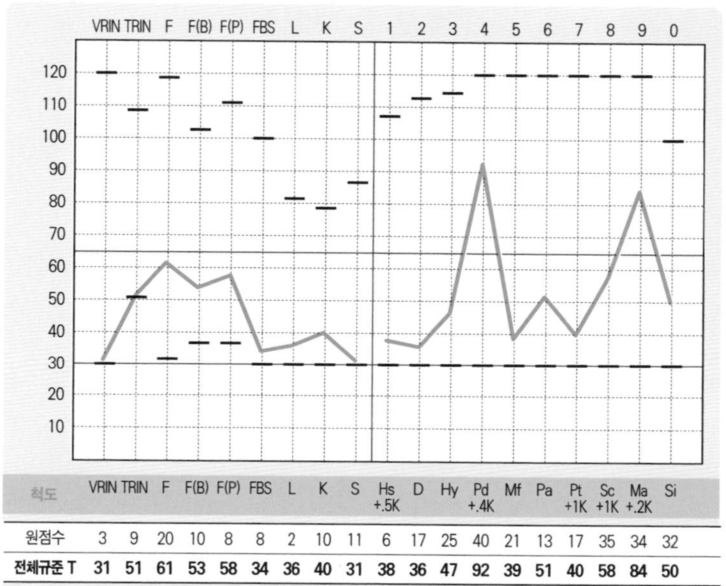

척도	VRIN	TRIN	F	F(B)	F(P)	FBS	L	K	S	Hs +.5K	D	Hy	Pd +.4K	Mf	Pa	Pt +1K	Sc +1K	Ma +.2K	Si
원점수	3	9	20	10	8	8	2	10	11	6	17	25	40	21	13	17	35	34	32
전체규준 T	**31**	**51**	**61**	**53**	**58**	**34**	**36**	**40**	**31**	**38**	**36**	**47**	**92**	**39**	**51**	**40**	**58**	**84**	**50**

그 외 주요한 척도

RC4=95, RC9=70, AGGR=74, DISC=82, ANG=80, CYN=76, ASP=77, TPA=71, FAM=89, Es=65, MDS=74, Ho=74, MCA-R=73(원점수34), AAS=71

임상척도를 살펴보면 4번과 9번이 각각 92, 84로 매우 높게 상승해 수검자의 반사회적 행동 경향과 병리적인 활동성을 나타내고 있다.

분노조절, 알코올 남용 문제가 지속되어 왔고, 최근 가정폭력의 이력이 있는 것으로 보아 성격장애가 만성화되었으리라 예측된다. 임상척도는 4-9코드로 반사회성 성격장애를 보이는 사람들에게 흔히 나타나는 프로파일이다.

충동성과 공격성이 매우 강한데 이러한 충동성을 통제하지 못하고 있는 그대로 표출하는 편이다. 타인과 자신을 위험에 빠뜨리는 행동을 자주 하지만, 내담자의 정서적 고통을 가늠할 수 있는 RCd, 2번, 7번 상승이 없어 자신은 불편함을 인지하지 못하는 상태라 할 수 있다. 배우자나 주변의 가까운 사람들과 온정적으로 정서를 나누는 능력이 매우 부족하다.

9번이 84점으로 행동과 감정의 변화가 극단적이고 활동 수준이 지나쳐서, 포부는 크나 계획한 바를 제대로 실천하지 못하는 경우가 종종 발생할 수 있다. 사전에 보고된 바는 없으나 조증관련 증상(사고의 비약, 과대망상 등)이 있을 가능성이 크다.

자기 뜻대로 되지 않거나 즉각적인 만족이 추구되지 않을 때 과하게 흥분하며 분노를 표출할 수 있어 만성적인 분노 조절의 어려움, 사회 적응의 어려움이 예상된다.

내담자는 불안정감을 가지고 있으나 내면을 성찰하는 능력이 부족해 고통을 술에 의존해 해결해 온 것으로 보인다. 자기 행동의 결과를 예측하고 충동을 조절할 수 있도록 돕는 교육적 치료 개입이 필수적인 상황으로 보인다.

사례 3_혼란된 사고를 경험하는 내담자

부주의한 실수가 반복되고 있고 상당한 수준의 긴장과 불안을 보고하고 있어 정서적 지지와 함께 가족 치료적 개입, 자아 기능을 회복시킬 수 있는 상담의 개입이 필요하다.

〈사례 3〉은 40대 여성의 프로파일이다. 내담자는 3개월 전쯤부터 특별한 계기 없이 기억력이 감퇴하고 집중이 되지 않아 힘들다고 보고했다. 갱년기가 빨리오나 싶었는데 최근 교통사고, 일상의 실수가 반복되자 주위에서 상담을 받아보라고 권고해 센터를 방문했다.

L=45, K=40, S=42의 낮은 방어성을 보이고 있어 검사에 심리적 어려움을 호소하고 있다. F(B)가 67로 약간 상승했으나 유의미한 수준의 상승은 아니며, F척도와 T점수의 차이가 30점 이상이 아니므로 해석에서 제외될 정도로 증상을 과장했다고 볼 수 없다.

사례 3 MMPI 프로파일

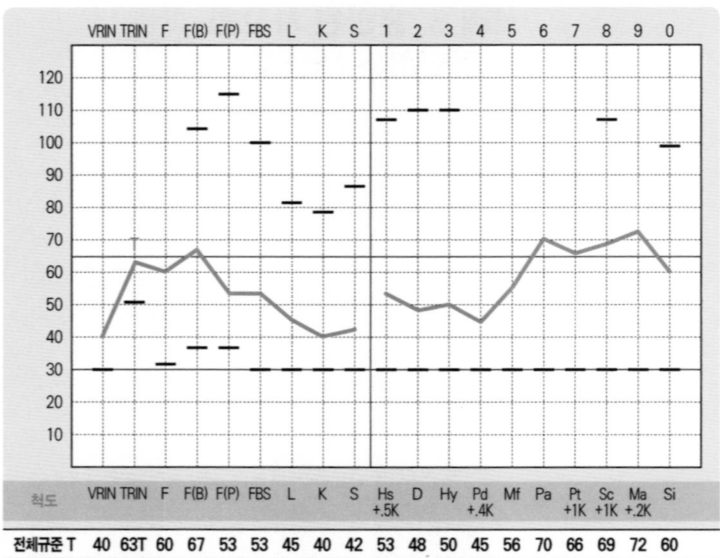

그 외 주요한 척도

RCd=75, RC7=80, RC8=83, RC9=69, AGGR=70, PSYC=70, NEGE=75, ANX=71, OBS=71, DEP=71, BIZ=75, ANG=81, TPA=72, LSE=70, FAM=77, A=71, PK=71, MAC-R=67(원점수 30)

타당한 프로파일로 결과가 내담자의 심리적 어려움을 잘 나타내고 있다. 정신증적 증상에 민감한 6번, 7번, 8번, 9번이 동반 상승한 프로파일로 내담자는 일상생활이 저해될 정도의 혼란을 경험하고 있다.

실제로 내담자는 초기 면담시 질문에서 초점이 약간 벗어난

대답을 하거나 말하는 중간 잠시 멍하게 허공을 응시하는 행동을 보였다.

호소문제였던 기억력 감퇴와 주의 집중 저하, 행동관찰, 6-7-8-9의 동반상승, 정신증상관련 척도의 상승(RC8=83, PSYC=70, OBS=71, BIZ=75) 모두 내담자의 사고와 행동에 혼란이 있음을 나타내주고 있다.

내담자는 현재 상당 수준의 불안과 공포를 보고하고 있는데(Pt=66, ANX=71, OBS=71, DEP=71, LSE=70, PK=71), 자신이 어찌될지 모르겠다는 생각에 초조함 속에 마음이 떠다니듯이 지내고 있는 상황으로 보인다(Ma=72, RC9=69, TPA=72).

내담자가 보고하는 공포는 대인관계에서도 나타나고 있다. 초기 면담에서 내담자는 현재 "가족 외의 사람들은 만나고 있지 않다"고 보고했다.

내담자는 사람들로부터 거리를 두고 최소한의 사회적 관계만 유지하고 있는 상황으로 "사람들이 자신을 이상하게 생각할까 봐" 불안한 심정을 토로했다.

이 역시 검사 결과에 반영되고 있다(Pa=70, Sc=69, Si=60). 주위 반응에 예민한 편으로 상황을 왜곡되게 인식하는 경우가 많다. 부적절하게 오해하고 분노할 수 있어 대인관계 갈등이 잦을 것으로 예상된다.

6-7-8-9의 상승과 BIZ=75로 정신병적 증상의 가능성이 높으

므로 해석 상담시 부적절한 사고와 피해의식, 망상의 유무, 내용을 탐색할 필요가 있다.

현재 일상생활에서 부주의한 실수가 반복되고 있고 상당한 수준의 긴장과 불안을 보고하고 있으므로 정서적 지지와 함께 가족 치료적 개입, 자아 기능을 회복시킬 수 있는 상담의 개입이 필요한 상황이다.

사례 4_강박증상 내담자

내담자와 가족 모두 문제를 호소하는 상황이므로 높은 F(B), FBS 점수가 증상의 허위 과장을 의미하기보다 내담자가 현재 심각한 심리적 어려움에 처한 것으로 해석한다.

〈사례 4〉는 20대 여성의 프로파일이다. 가족의 보고에 따르면 내담자는 대학 입학 이후 다이어트와 외모에 대한 집착이 늘었고 단식과 폭식을 반복했다고 한다. 식사 절차에 대한 내담자의 규칙과 체크행동이 심해지며 가족과의 마찰이 잦아졌다고 보고된다.

내담자는 휴학 후 가족을 제외하고는 대인관계를 기피하고 대부분의 시간을 집에서 보내고 있다. 치료를 원하는 가족의 권고로 내방했다.

초기 면담에서 내담자는 불안한 마음을 토로하면서도 자신을 데리고 온 가족을 원망했다. 고통을 호소하지만 자기 증상에 대

사례 4 MMPI 프로파일

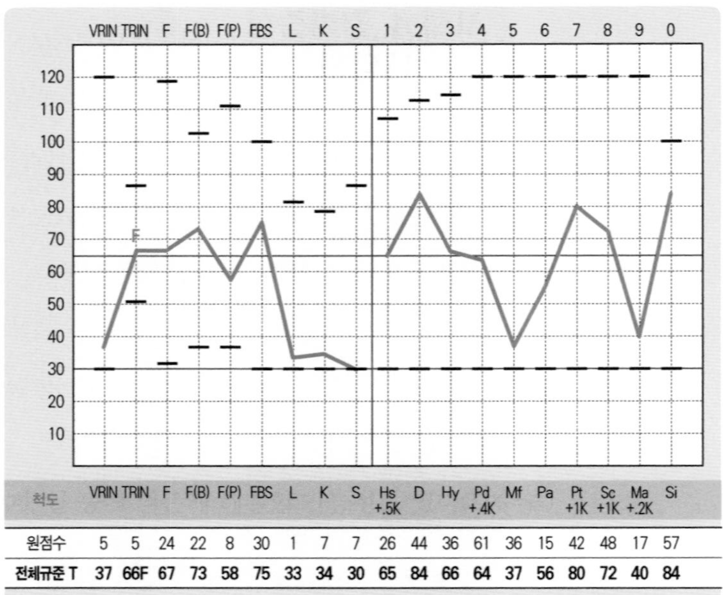

척도	VRIN	TRIN	F	F(B)	F(P)	FBS	L	K	S	Hs +.5K	D	Hy	Pd +.4K	Mf	Pa	Pt +1K	Sc +1K	Ma +.2K	Si
원점수	5	5	24	22	8	30	1	7	7	26	44	36	61	36	15	42	48	17	57
전체규준 T	**37**	**66F**	**67**	**73**	**58**	**75**	**33**	**34**	**30**	**65**	**84**	**66**	**64**	**37**	**56**	**80**	**72**	**40**	**84**

그 외 주요한 척도

RCd=83, RC1=75, RC2=80, RC7=86, NEGE=85, INTR=87, ANX=92, FRS=70, OBS=77, DEP=82, HEA=76, CYN=73, LSE=84, SOD=72, FAM=85, WRK=92, TRT=74, A=76, Es=30, Mt=85, PK=79, Ho=69, AAS=71

한 인식은 관찰할 수 없었다.

타당도 척도를 볼 때 L=33, K=34, S=30이다. 매우 낮은 수준으로 검사에 심리적 어려움을 호소하고 있다. F(B)와 FBS가 70 이상으로 높게 상승되어 있지만 프로파일을 해석할 수 있는 수준의 상승이다.

내담자와 가족 모두 문제를 호소하고 있는 상황이므로 높은 F(B), FBS 점수가 증상의 허위 과장을 의미하기보다는 내담자가 현재 심각한 심리적 어려움에 처해있다고 해석할 수 있다.

30점대 수준의 L, K, S, Es를 통해 내담자가 일상의 사소한 문제에도 효율적으로 대처하기 어려운 상태이고 자신을 건강하게 방어하지 못하고 있음을 알 수 있다.

이 프로파일은 6번과 9번을 제외한 모든 척도가 65점 이상으로 상승된 '전반적으로 모든 임상척도가 상승'된 모양이다.

그 중에서도 2번, 7번, 0번이 각각 84, 80, 84점으로 매우 높고, 상승된 대부분의 척도들이(RCd, RC2, RC7, NEGE, INTR, ANX, FRS, OBS, DEP, LSE, SOD, A, PK) 2번, 7번, 0번의 특성과 연관이 있어 내담자의 주요한 심리 증상이 '불안하고 초조한 정서, 강박사고와 행동, 사회적 고립, 대인관계 공포, 이로 인한 상당한 수준의 심리적 고통과 우울감, 위축된 자아'임을 알 수 있다.

이러한 결과는 코드타입 해석을 통해서도 일관되게 증명된다. 내담자의 검사 결과는 D=84, Pt=80, Sc=72로 2-7-8 쓰리코드 해석이 가능하다. 내담자는 심각하게 혼란스럽고 긴장된 상태로 사회적 대처와 정서 조절의 어려움이 시사된다.

WRK=92, Mt=85, Es=30이 시사하는 바와 같이 학업과 집중력의 손상이 예상되므로 대처능력을 향상시키는 상담의 지원이 필요하다.

내담자는 신체와 관련한 비현실적인 신념과 집착을 보고하고 있는데, 이것이 내담자 가족의 주 호소증상인 섭식관련 강박증상으로 나타나고 있다(Hs=69, RC1=75, HEA=76, Pt=80, Sc=72).

추후 상담을 통해 내담자의 강박의식, 신체관련 망상 여부와 내용을 탐색할 필요가 있다.

내담자는 누군가 자신을 도와주었으면 하고 수동적으로 바라면서도 정작 타인의 접근을 두려워하는 경향이 있다. 그러므로 사람들과 거리감을 유치한 채 고립 속에 있을 것으로 보인다(RCd=83, Mf=37, Si=84, SOD=72).

더불어 누군가 자신이 세운 기준과 규칙을 제지할 경우 쉽게 분노하므로 자기 통제감을 유지하기 위해 의도적으로 타인과의 접촉을 거부하는 경향이 있다(Pt=80, RC7=86, OBS=77, CYN=73, Ho=69).

대인관계의 어려움뿐 아니라 내담자는 자신과의 관계에서도 어려움을 겪고 있는 듯 보인다. 가령 내담자는 사소한 실수에도 자책하고 자신을 처벌하는 경향이 있는데, 이런 경향이 내담자 가족이 보고하는 바와 같이 폭식 후 분노폭발, 강박적 취소행동('단식과 과도한 운동')으로 나타나는 듯 보인다.

내담자가 정서적 어려움을 호소하고 있으나 객관적인 자기 성찰과 현실 인식이 부족하므로 예후가 좋지 않다(Sc=72, TRT=74).

변화에 대한 동기를 서서히 강화시킬 수 있도록 장기상담을 추천한다.

높은 수준의 우울과 절망감(D=84, RC2=80, NEGE=85, LSE=84), 긴장(Pt=80, RC7=86, ANX=92), 인적 자원의 부족과 고립감(Sc=72, Si=84, INTR=87, SOD=72, FAM=85)을 보고하고 있으므로 해석 상담에 반드시 자해, 자살사고를 탐색하고 필요하다면 위기 개입을 해야 한다 .

사례 5_외상 후 스트레스를 경험하는 내담자

이러한 결과가 내담자의 성격적인 특성인지 아니면 외상 경험으로 인한 일시적 상태인지를 면밀히 검토한 후 추후 상담방향을 정할 것을 추천한다.

〈사례 5〉는 40대 남성의 프로파일이다. 3개월 전 산업재해를 겪은 후 잠을 잘 수 없고 사건관련 기억이 자주 떠오른다는 이유로 상담을 신청했다. 이에 내담자의 객관적 심리상태를 알아보고 향후 상담 방향을 결정하고자 심리검사를 실시했다.

사고 당시 함께 있었던 후임은 사고로 심각한 상해를 입었다고 한다. 내담자는 사고에 대한 '책임감'이 든다는 말을 했다. 내담자는 퇴원 이후 바로 직장에 복귀했으나 예전과 다르게 일에 집중하기 힘들다고 호소했다. 또한 밤에 잠이 오지 않아 술을 마시고 쪽잠을 자게 되어 피곤하다는 말을 했다.

타당도 척도를 살펴보면, 극단치 없이 모든 점수가 임상수준

사례 5 MMPI 프로파일

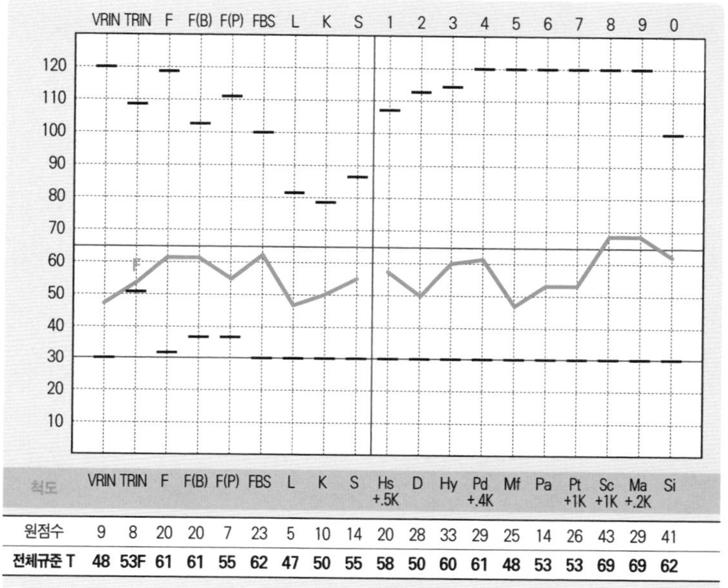

척도	VRIN	TRIN	F	F(B)	F(P)	FBS	L	K	S	Hs +.5K	D	Hy	Pd +.4K	Mf	Pa	Pt +1K	Sc +1K	Ma +.2K	Si
원점수	9	8	20	20	7	23	5	10	14	20	28	33	29	25	14	26	43	29	41
전체규준 T	**48**	**53F**	**61**	**61**	**55**	**62**	**47**	**50**	**55**	**58**	**50**	**60**	**61**	**48**	**53**	**53**	**69**	**69**	**62**

그 외 주요한 척도

RC1=72, RC6=66, RC8=70, AGGR=69, PSYC=78, ANX=68, OBS=67, BIZ=78, ANG=70, CYN=69, TPA=66, WRK=71, TRT=68, A=62, Es=52, PK=70, MDS=66, Ho=64, MAC-R=31(원점수)/ 73(T점수), AAS=76, APS=75

보다 낮으므로 내담자의 프로파일은 해석이 가능하다. 다만 F, F(B), FBS가 60점대 초반으로 경미한 수준으로 상승했고, 임상척도 중 8번과 9번이 주요하게 상승한 점으로 보아 내담자가 현재 혼란스럽고 병리적인 증상들을 경험하고 있음을 알 수 있다.

그러나 L, K, S가 47~55점으로 적절한 수준의 자기 방어능력을 보이고 있고, 자아강도(Es=52)의 손상도 없어 8-9의 상승이 만성적이기보다는 외상으로 인한 급성 증상일 가능성이 크다. 내담자의 프로파일은 8-9 동반상승으로 코드타입 해석이 가능하다.

내담자는 종종 비현실적이고 이상한 감각과 불편감을 호소할 수 있다(8-9, PSYC=78, BIZ=78, RC1=72, Hy=60). 내담자의 호소문제가 수면의 곤란, 섬광기억이므로 상담을 통해 감각조절 및 정서이완을 돕는 개입(긴장이완훈련, 호흡법, EMDR, 체계적 둔감법 등)이 필요하다.

내담자는 사소한 자극에도 과민하고 긴장할 수 있는데, 주관적 고통을 나타내는 D, Pt, RCd보다는 Ma, AGGR, RC6, RC8이 상승한 것으로 보아 충동적이고 과한 행동, 잦은 불평과 요구, 신경질, 피해의식, 분노 등 외현화 기제를 통해 내적 긴장을 분출하는 경향이 있다.

검사결과에서 MAC-R, AAS, APS가 70점 이상으로 매우 높다는 것은 눈여겨봐야 할 부분이다. 초기면접에서도 내담자가 매일 밤 술을 마시고 잠에 든다고 말해 알코올 의존이 상당한 수준임을 알 수 있다.

이에 내담자가 심리적 고통을 '술'이라는 외부 대체물로 처리하고 있으며, 문제해결 양식이 회피적임을 알 수 있다. 겉보기에 활발하게 보일 수 있으나 정작 사람들과 친밀함을 나누는 능력이 부족해 정서적으로 소외되기 쉽다(Hy=60, Ma=69, Sc1=67, Si=62, MDS=66).

부정적 정서가 만연함에도 불구하고(불안, 긴장, 두려움, 죄책감), 이를 적절하게 표현하지 못하고 사회적 지지와 공감을 받는 능력이 부족하므로 내적 긴장이 해소되지 못한 채 일상기능(업무, 수면, 집중력, 판단력)을 저해하고 있는 것으로 생각된다(ANX=68, OBS=67, PK=70, WRK=71).

이러한 결과가 내담자의 성격적인 특성인지 아니면 외상 경험으로 인한 일시적 상태인지를 면밀히 검토한 후 추후 상담방향을 정할 것을 추천한다.

검사를 구두로 해석하는 것과 평가 보고서를 작성하는 것은 다른 문제다. 심리평가 보고서를 작성하기 위해서는 먼저 보고서의 형식을 갖춘다. 다양한 형식이 있지만 본문에는 필자의 보고서를 샘플로 넣었다. 형식을 채울 내용은 보고서를 읽을 대상에 맞춘다. 전문가에게 보낼 목적으로 작성할 경우 전문용어를 사용하면 효율적으로 전달할 수 있다. 수검자 또는 가족에게 보낼 목적으로 작성할 경우에는 이해하기 쉬우면서도 적합한 단어를 선정한다.

8장

MMPI 검사 보고서, 이렇게 작성하자

MMPI 평가 보고서 작성의 예

평가보고서는 읽는 사람에 맞춰 작성한다. 기관이나 타 전문가에게 보내는 경우 전문 용어를 사용하지만 수검자가 읽을 경우 이해하기 쉽게 작성한다.

심리평가 보고서

1. 수검자 개인 정보

수검자	진선미	직업	주부
생년월일	0000년 00월 00일	검사일	0000년 00월 00일
성별	여성	보고서 작성일	0000년 00월 00일
나이	만 41세	주로 사용하는 손	오른손
국적 및 언어	대한민국(한국어)	평가자	황선미
학력	대졸	평가 기관	OO상담센터

2. 실시 검사

다면적 인성검사 II (MMPI-2: Minnesota Multiphasic Personality Inventory-2)

3. 의뢰 사유

진선미 씨는 40대 주부로 "머리가 아프고 답답하며 집중하기가 어렵다"는 이유로 센터를 방문했다. 두통은 20대부터 지속되어 두통약을 자주 먹었고 3개월 전 남편의 직장 이전으로 이사를 온 후 증상이 심해졌다고 한다.

수검자는 본거지였던 대구에서 서울로 이사를 오면서 지인들과 멀어졌고 자녀의 학교 적응문제 등으로 최근 스트레스가 많았다고 호소했다. 일주일 전 종합병원을 방문해 검사를 받았고 의학적 이상은 없었다고 한다.

의사가 "심리적 문제인 것 같다며 상담을 받아보라고 해서" 센터에 방문을 했다고 한다. 이에 진선미 씨의 현재 심리·정서적 상태를 객관적으로 평가하기 위해 MMPI-2 검사를 실시했다.

4. 행동 관찰

진선미 씨는 보통 키, 마른 체구로 옅은 화장에 캐주얼한 복장으로 내방했다. 약속한 제 시간에 도착했다. 목소리는 작으나 말의 속도가 빠른 편이다. 말을 하다가 문장을 끝마치지 않고 얼버

무리다가 다음 말로 넘어가는 것이 인상적이었다.

사전 인터뷰 동안 눈을 깜빡이며 "피곤하다"는 말을 자주 했다. 눈 맞춤은 적절했으나 내내 허리를 곧게 편 자세로 깍지 낀 두 손을 만지작거리는 것을 보아 긴장이 지속되는 듯 보였다.

MMPI-2 검사를 실시할 동안 진선미 씨는 눈을 자주 비비며 안경을 여러 번 벗었다 꼈다를 반복했다. 특별한 질문이나 말은 없었다.

그러나 검사 중간 중간 손가락으로 책상을 톡톡 치며 짜증이 섞인 한숨을 쉬었다. 전반적으로 협조적으로 임했으나 응답을 약 2시간 동안 해 검사시간이 오래 소요되었다. 답안지 표기에 특별한 사항은 없었다.

5. 검사결과

검사결과의 타당도가 인정되므로 프로파일을 해석한다. 진선미 씨는 검사를 통해 상당 수준의 정서적 고통과 혼란을 호소하고 있다. 표면적으로 호소하는 내용은 두통으로 신체적인 증상이지만, 내면에는 초조하고 긴장된 정서와 깊은 우울, 불행감이 만성화되어 있는 상태로 보인다.

진선미 씨의 두통과 "축 처지고 집중하기 어렵다"는 호소문제는 만성화된 우울과 긴장, 여러 부정적 정서가 반영된 신체화 증상으로 보인다. 특히 1-2-3이 모두 T 80점 이상으로 높게 상승했고, 과거 두통에 대한 병력, 결정적 문항을 통해 진선미 씨가 자신의 신체 감각에 대해 과도하게 몰두하고 있음을 알 수 있다.

병원검진 결과를 참고했을 때 건강상 신체적인 이상이 없음에도 불구하고 건강에 대한 일반적인 정도의 염려 수준을 넘어 만성화된 두통을 호소하고 있다.

진선미 씨는 현재 자신의 상태에 대해 걱정을 하면서도, 이에 대해 어떻게 대처해야 할지 모르겠다는 혼란과 두려움도 함께 보고하고 있다. 결과로 나타난 정서가 매우 불안정하고 판단력과 주의 집중력 역시 저하되어 있어 일상생활의 기능과 대처가 비효율적일 것으로 예상된다.

Es 수준이 30으로 스스로도 문제가 생겼을 때 대처할 능력이 없다고 여기고 있다. 신체적 고통이나 일상의 문제 등 사소한 자극에 쉽게 압도되어 매사 경직되고 유연성이 부족하리라 본다. 더불어 자존감이 낮고 자기 삶에 대한 회의와 불만족을 강하게 느끼고 있어(LSE=73, LSE1=74) 관계 및 일상기능에 어려움이 있으리라 본다.

진선미 씨는 내향적인 편으로 주변 사람들의 반응에 매우 민감한 듯하다. 사소한 비판과 거절의 사인에도 민감하고, 환경과 사람들의 영향을 많이 받아 예민한 편이다.

타인의 부정적 평가로부터 자신을 보호하기 위해 마음을 쉽게 터놓지 않고 정서적 거리를 유지하는 경향이 있어 자신만 소외된 것 같고 이해받지 못한다고 호소할 수 있다.

그러나 수동적 성향이 강해 자기주장을 강하게 하지 못하고, 분노나 불만족감을 속으로 삭히고 참으면서 억압하는 경우가 빈번하다. 표현 방식 역시 우회적인 편으로 분노나 불만족감을 직접적으로 표현하기보다는 해야 할 일을 미루거나 잦은 실수, 비아냥거리거나 비꼬는 말투 등으로 은근히 표출하는 경향이 강하다.

그러므로 적절하게 표출되지 않은 내면의 정서가 다양한 신체적 증상을 통해 드러날 수 있다. 이러한 신체적 증상을 호소함으로써 얻는 이차적 이득이 있으리라 생각된다.

하지만 정작 본인은 자신의 심리적 기제를 인식하지 못해 미성숙한 대처를 함으로써 대인관계 갈등이 잦으리라 예상한다. "아무것도 할 수 없다"는 본인의 보고처럼 흥미와 동기 수준이 매우 저하되어 있어 무기력하고 부정적인 태도가 지속되리라 본다.

스스로 문제가 해결되지 않아 사소한 짜증과 신경질을 많이 내고, 자신의 욕구를 다른 사람에게 요구하는 경향이 강하므로 자기중심적이고 미성숙한 사람으로 비춰지기 쉽다.

진선미 씨는 전통적인 여성적 취향과 관심사가 강해 부드럽고 순응적인 인상을 주는 것이 심리적 자원으로 작용할 수 있다. 또한 부정적인 치료지표(TRT=51)가 높지 않으며, 의사의 권유를 받은 후 바로 심리적 도움을 구한 것으로 보아 변화에 대한 동기가 높다고 할 수 있다.

반면 높은 여성성은 삶에 대한 수동적인 태도, 주변 사람에게 지나치게 의존하면서 책임을 회피하는 특성으로 나타날 수도 있다. 4번, 5번, 6번을 둘러싼 깊은 V선이 나타내는 수동 공격성, 억압과 부인의 방어기제가 그 예다.

진선미 씨는 문제에 대해 사소하게 걱정은 많이 하나 정작 신체화 증상을 통해 교묘하게 책임을 회피하는 방식으로 문제를 해결하는 듯 보인다.

사전 인터뷰에서는 신체관련 망상과 환청의 여부는 살펴볼 수 없었고, 지남력과 현실 검증력은 양호했다. 그러나 판단력과 주의 집중력이 많이 저하된 상황이다.

경미한 수준이지만 자살사고를 보이고 있으니 상담이 진행되면 자살예방 위기 개입이 필요하다.

또한 심리·신체적 고통을 술, 약물, 관계, 일 등에 의존해 해결할 가능성이 있으므로 이에 대한 추가적 탐색을 추천한다.

6. 치료적 제언

① 신체적 고통에 대한 충분한 이해와 공감을 제공할 필요가 있음. 통증으로 고통받고 있지만 타인에게 제대로 공감받지 못해 답답한 마음을 타당화해줄 것.

② 두통을 조절할 수 있는 간단한 신체 이완 및 호흡법 연습하기. 긴장된 정서의 완화 및 수검자의 신체관련 두려움을 완화할 수 있음.

③ 신체 관련 비현실적 감각, 망상, 환각 여부 및 자살위험 여부 탐색하기. 필요하다면 약물치료 병행 및 자살예방 위기 개입하기.

④ 자아강도가 낮고 내면에 대한 통찰력이 낮으므로 이른 직면을 조심할 필요가 있음. 상담자의 기대수준을 낮추고 상담목표를 현실적이고 구체적으로 설정할 것.

⑤ 수검자의 강점과 약점

- 강점: 변화에 대한 동기가 있고 자발적인 치료를 원함, 부드럽고 순응적인 면
- 약점: 부정적 정서의 억압, 의존성, 수동 공격성

⑥ 고려할 수 있는 진단: Major Depressive Disorder (with anxious distress), Somatic Symptom Disorder

⑦ 치료 주제: 억압된 정서의 인식과 언어화, 긴장 이완, 만성화된 우울

0000년 00월 00일

상담심리전문가 황선미

MMPI 검사 결과를 효과적으로 전달하려면?

검사 결과는 내담자에 대한 객관적인 이해에 기반을 둔 접근을 가능하게 한다. 또한 상황에 따라 상담자가 어떠한 자세를 취해야 하는지 알려주는 유용한 도구가 될 수 있다.

심리검사는 궁극적으로 내담자를 돕기 위한 도구다. 치료가 필요하다면 상담자는 해석상담을 통해 내담자가 추후 상담으로 연계될 수 있도록 도와야 할 것이다. 비록 내담자가 상담을 원치 않아 단회기 해석상담에 그치더라도 상담자는 정보전달에만 치중하기보다는 치료적 자세를 취해야 한다.

검사 결과는 내담자에 대한 객관적인 이해에 기반을 둔 접근을 가능하게 한다. 또한 상황에 따라 상담자가 어떠한 자세를 취해야 하는지 알려주는 유용한 도구가 될 수 있다.

가령 "많이 힘드시겠어요"라는 공감은 사람에 대한 따뜻한 연민을 가진 사람이면 누구나 할 수 있다. 그러나 이 책에 나오는

〈사례 1〉의 남성에게 "이렇게 소진되고 우울한 상태로 어떻게 지금까지 버텨왔어요. 아침에 일어날 힘도 없고 새로운 날을 시작할 기분도 아니었을 텐데. 도전은커녕 버티는 것도 힘들었겠네"라고 하는 공감은 상담자만이 할 수 있다.

이러한 공감 속에 상담자는 내담자가 우울하다는 정보뿐 아니라 내담자의 감정에 대한 타당화, 지금까지 버텨온 삶에 대한 지지를 보낼 수 있다.

만약 내담자가 자신이 어떻게 버텨왔는지에 대한 이야기를 한다면 내담자가 이미 가지고 있는 자원을 확보하고 미래에는 어떤 자원이 필요할 것인지, 누구에게 지지를 받을 수 있는지 등 자연스럽게 문제해결전략을 구상할 수도 있을 것이다.

이런 방식의 치료적 해석상담을 통해 내담자는 누군가 자기의 상태를 제대로 알고 있다는 안정감과 정서적 지지를 경험할 수 있다.

그러나 〈사례 2〉의 내담자에게 온정적 지지는 자칫 내담자의 반사회적 특성을 강화시킬 수 있다. 반사회적 특성이 강한 사람들에게 '공감'은 낯선 언어다. 공감을 즐겨 사용하지 않는 사람들은 공감 속에 숨겨진 메시지를 읽지 못한다.

오히려 상담자를 자기보다 약한 상대로 여겨 무시하거나 이용하려 할 수 있다. 이런 경우에는 객관적인 정보에 근거하되 부드러운 목소리와 존중하는 태도를 유지한다.

예를 들어 "처음 의도했던 것과는 다르게 번진 일들이 많았겠어요" "화를 참고 싶지만 잘 되지 않을 때가 많았겠네요" "선생님에게는 별뜻 없는 말과 행동들이 사람들에게는 공격적으로 전달됐겠어요" 등 원인과 결과를 단순하지만 정확하게 짚어준다.

품행문제를 보이거나 반사회성의 성향이 깊은 내담자들의 경우 대부분 비자발적으로 내방하므로 단회기 해석상담을 통해 치료적 효과를 기대하기는 어렵다.

또한 검사의 목적이 내담자 상태에 대한 점검에 있고 청소년 내담자들이 많기 때문에 본인에게 직접 해석상담을 하는 일 역시 드물다. 주로 보호자나 연계기관에 보고서를 보낸다. 그러나 본인에게 해석상담을 해야 할 경우라면 어느 정도의 저항과 방어는 받아낼 준비를 하는 것이 좋다.

〈사례 3〉과 같이 일상기능이 힘들고 증상을 나타내고 있는 내담자에게는 상담자가 다소 주도적인 자세를 취할 필요가 있다. 현재 검사 결과와 이전 병력을 참고해서 추후 어떤 치료가 필요할지 안내하고, 가족들이 내담자에 대해 이해할 수 있도록 해석상담의 범위를 내담자 주변까지 확대한다.

〈사례 3〉의 내담자는 증상이 경미한 수준이었지만 증상이 심각하다면 약물치료, 입원치료, 특정 사회복지 혜택의 수여까지 고려할 수 있다. 이런 경우를 대비해 평소 다양한 영역의 전문가들과 연계할 수 있는 시스템을 마련해놓는다면 상담자 자신뿐 아니라 내담자에게도 도움이 될 것이다.

〈사례 4〉의 내담자 역시 상담의 개입이 절실한 상황이다. 그러나 내담자의 증상이 만성화되어 있어 한 번의 해석상담에 기대할 수 있는 바가 크지 않다. 게다가 내담자는 외부 평가에 매우 민감하고 자책하는 경향이 있기 때문에 표면적인 증상을 직면하는 해석은 위험할 수 있다.

오히려 "나 자신조차 어찌할 수 없을 것 같은 불안과 초조함을 많이 느끼셨겠네요" "그렇게 애써 노력하는데도 어찌할 수 없는 상황이 절망스럽겠어요" "그렇게 되면 결국은 또 자신밖에 탓할 수가 없었겠군요" "그렇게 반복적으로 애쓰면서까지 이루고 싶은 게 무엇인가요?" 등 결과를 전하면서도 내담자가 안전함을 경험하게 할 필요가 있다.

대화가 잘 이루어진다면 "그렇게 애써온 방식들이 결국은 나를 힘들게 하고 증상으로 남기도 하네요"라고 가볍게 직면을 할 수도 있다.

〈사례 4〉의 내담자에게 가장 필요한 도움은 자신의 상태에 대한 객관적인 정보보다는 추후 상담으로의 연계, 앞으로 이어질 상담에 대한 긍정적인 기대를 품게 하는 것이다.

반면 〈사례 5〉의 내담자는 '3개월 전 사고'라는 특정 외상경험 이후에 증상이 나타나기 시작했다. 검사 동기 자체도 객관적인 진단을 원했으므로 검사 결과를 면밀하게 알려줄 필요가 있다.

만약 내담자의 현실 인식에 손상이 없다면 검사 결과와 코드, 가령 Ma가 의미하는 바가 무엇인지, 임상 기준점인 T 65점 이상일 경우 경험할 수 있는 증상이 무엇인지, 그 중 자신에게 해당하는 게 무엇인지, 내담자의 일상에서 어떠한 어려움으로 재연되고 있는지를 함께 탐색하며 해결책을 모색해볼 수 있다.

이 과정을 통해 내담자는 상담자를 자신의 외상 증상과 치료 방안을 잘 이해하고 있는 전문가로 인식할 것이다. 또한 자신의 고통이 객관적으로 설명되고 치료방법이 있다는 것에 대한 안심과 희망을 경험할 수 있다.

검사 결과를 어떻게 전달할 것인가에 대한 정답은 없다. 또한 어떨 때는 결과가 너무나 모호해서 임상가로서의 감에 의존하기도 한다. 하지만 잊지 말아야 할 것은 해석상담 역시 상담이기 때문에 상담자와 내담자가 함께 만들어가는 과정이라는 점이다.

많은 경우 내담자들은 자신만의 고유한 언어로 자기의 프로파일을 그려낸다. 상담자의 일은 내담자의 표현을 알아차리고, 자료와 매치하고, 전문지식으로 만들어 이해하고, 이를 내담자가 알아들을 수 있는 말로 다시 돌려주는 일이다.

부록

증상을 잘 나타내는 척도들

검사를 해석하다보면 특정 임상 증상에 유독 높게 뜨는 척도들이 있다. 이들은 각 증상을 민감하게 대표할 수 있는 기준 척도들이 된다. 임상 증상을 대표하는 척도들이 무엇인지 알아두면 유용하다.

1 우울, 무기력 관련 증상

D(D1, D2, D3, D4, D5), Hy3, Sc2, Sc4

RCd, RC2, NEGE, INTR, DEP, LSE, WRK, R, 낮은 Es

2 불안, 공황 관련 증상

Pt, Si(Si2, Si3), Hs, 낮은 Hy1

RCd, RC1, RC7, NEGE, INTR, ANX, FRS, OBS, HEA, LSE, SOD, WRK, A, Mt, PK

3. 강박 관련 증상

Pt

RCd, RC7, ANX, FRS, OBS, HEA, WRK, Mt

4 편집 관련 증상

Pa(Pa1, Pa2), Pd4, Sc1

RC6, PSYC, CYN, TPA, TRT, BIZ1

5 정신증 관련 증상

F, F(B)

Sc(Sc1, Sc2, Sc3, Sc4, Sc5, Sc6), Pa1, Ma2

RC6, RC8, RC9, PSYC, DISC, BIZ, WRK, TRT, Mt, MDS

6 조증 관련 증상

F, F(B)

Ma(Ma1, Ma2, Ma3, Ma4)

Rc9, AGGR, DISC, PSYC, BIZ, Do, Ho

7 신체화 관련 증상

K, S

Hs, Hy1, Hy4, Hy5

RC1, HEA, R, O-H

8 분노, 반사회성 관련 증상

Pd(Pd1, Pd2, Pd3, Pd4, Pd5), Pa1, Sc5, Ma1, Ma3

RC4, AGGR, DISC, ANG, ASP, TPA, FAM, MDS, Mt, Do, Ho

참고문헌

도서

- 김재환 외(2014), 『임상심리검사의 이해』, 학지사.
- 성태훈(2011), 『임상심리 수련생을 위한 종합심리평가 보고서 작성법』, 학지사.
- 최정윤(2016), 『심리검사의 이해』, 시그마프레스.
- 한경희, 김중술, 임지영, 이정흠, 민병배, 문경주(2011), 『MMPI-2 다면적 인성검사 II 매뉴얼 개정판』, 마음사랑.
- Alan F. Friedman, Richard Lewak, David S. Nichols, & James T. Webb (2008) 『Psychological Assessment with the MMPI-2』, Psychology Press.
- David S. Nichols(2012), 『MMPI-2 평가의 핵심』, 박학사.
- John R. Graham(2006), 『MMPI-2 Assessing Personality and Psychopathology』, 4th ed., Oxford University Press.

논문

- McGrath, R.E., Sweeney, M., O'Malley W.B., & Carlton, T.K.(1998). Identifying psychological contributions to chronic pain complaints with the MMPI-2: the role of the K scale. Journal of Personality Assessment, 70, 448-459.
- 설순호, 심민섭(2012), 〈조현병과 우울장애의 감별 진단 시 다면적 인성검사-II (MMPI-2) 내용척도 및 재구성 임상척도의 활용〉. 한국심리치료학회지, 4(2). 1-15.
- 이지현, 김유숙, 최영안 (2004), 〈전쟁으로 인한 PTSD 집단과 사고로 인한 PTSD 집단의 MMPI 프로파일 비교〉, 한국심리학회지: 임상, 23(1), 221-229.
- 이혜진, 최윤희(2016), 〈남성 알코올 의존 환자의 특성 - MMPI-2 프로파일 유형 분류〉, 한국심리학회지: 임상. 35(4), 723-733.
- 조혜선, 황순택(2009), 〈MMPI-2 재구성 임상척도의 타당도〉, 한국심리학회지: 임상, 28(1), 281-297.
- 최미례(2011), 〈MMPI와 MMPI-2와의 관계에 대한 고찰〉, 한국심리치료학회지, 3(1), 29-40.

색인

ㅁ

ㅂ

ㅅ

ㅇ

ㅈ

ㅊ

ㅌ

ㅍ

ㅎ

■ 독자 여러분의 소중한 원고를 기다립니다

초록북스는 독자 여러분의 소중한 원고를 기다리고 있습니다. 집필을 끝냈거나 집필중인 원고가 있으신 분은 khg0109@hanmail.net으로 원고의 간단한 기획의도와 개요, 연락처 등과 함께 보내주시면 최대한 빨리 검토한 후에 연락드리겠습니다. 머뭇거리지 마시고 언제라도 초록북스의 문을 두드리시면 반갑게 맞이하겠습니다.

■ 메이트북스 SNS는 보물창고입니다

메이트북스 홈페이지 www.matebooks.co.kr

책에 대한 칼럼 및 신간정보, 베스트셀러 및 스테디셀러 정보뿐만 아니라 저자의 인터뷰 및 책 소개 동영상을 보실 수 있습니다.

메이트북스 유튜브 bit.ly/2qXrcUb

활발하게 업로드되는 저자의 인터뷰, 책 소개 동영상을 통해 책에서는 접할 수 없었던 입체적인 정보들을 경험하실 수 있습니다.

초록북스 블로그 blog.naver.com/chorokbooks

화제의 책, 화제의 동영상 등 독자 여러분을 위해 다양한 콘텐츠를 매일 올리고 있습니다.

메이트북스 네이버 포스트 post.naver.com/1n1media

도서 내용을 재구성해 만든 블로그형, 카드뉴스형 포스트를 통해 유익하고 통찰력 있는 정보들을 경험하실 수 있습니다.

STEP 1. 네이버 검색창 옆의 카메라 모양 아이콘을 누르세요. STEP 2. 스마트렌즈를 통해 각 QR코드를 스캔하시면 됩니다.
STEP 3. 팝업창을 누르시면 메이트북스의 SNS가 나옵니다.